知乎

有 问 题　就 会 有 答 案

知乎
BOOK

重新长大

毛冷瞪————

著

湖南文艺出版社
HUNAN LITERATURE AND ART PUBLISHING HOUSE

博集天卷
CS-BOOKY

Contents

目 录 |

Preface

我的女儿三岁时，我给她找到了一个很棒的幼儿园。小孩在里面能得到充分的尊重、理解和自由，而且最棒的是，幼儿园还帮着孩子教育他们的家长。我的小孩有时候上学前不想和我分开，就盛情邀请我也变成小朋友，跟她一起去上学。我说："我真的好想变成小朋友跟你一起去上学。""成人幼儿园"的构想来得就是这么简单。

这个想法一直在我脑袋里。一个成年人的生活是多么复杂，充满了做不到、压力大、撑不住、停不下来，也充满着不能哭、装没事、报喜不报忧。每当这些时候，变回一个小孩，重新感受爱和尊重就成了一个反反复复的梦想。

作为一个本职工作就是写小说的人，我无数次试着把这个想法写成小说。我写过经过某些神奇的经历我穿越回了童年，也写过由于神奇的魔力我原地变小了，跟我的小孩一般大。当得知我可以在知乎开一个专栏的时候，第一想法就是来写这个主题。

"成人幼儿园"是我的梦想，也是我虚构出来的。很多很多读者问我，真的很想去，哪里可以上。我知道大家在问的不是这个机构，而是在倾诉他们的撑不住和装没事。也有读者私信我，说想要自己办这样一个给大人的幼儿园，要学什么知识才好。也许真的有人会开起一个这样的成人幼儿园来，到那时，我想说，能带我玩一个吗？我也想去当小朋友！

也有很多朋友问我"成人幼儿园"有没有实体书。他们说：我想收藏，我想送给需要的朋友。实体书能出版了，我也很高兴。比起专栏来，实体书更有留存的价值和更大的力量吧。

我的小孩幼儿园的老师曾经说过，你给了孩子一个冷漠的眼神，就是在他们心头捅了一个洞。这个洞也许终其一生都补不好。作为成年人，我们心头究竟有多少洞？有多少洞是我们自己有机会能看到的，又有多少洞是连自己都不知道的？在痛苦的时候，这些痛点隐没在无数痛点之中，分都分不清了。

我在开始专职写作之后，去读了两年的在职心理学，学的是"心理咨询与心理治疗"专业。这个专业是面向成人的，但各科老师反反复复都在讲孩子们的事，在讲婴儿的事。我们知道自己一定有痛苦的空洞，也知道自己希望能想办法去改变。但究竟应该怎么做呢？

我在这里写了九个不同的痛苦的成年人，他们有不同的经历。这些人来自我自己，也来自我见过的人、倾听过的人。有些读者说"为什么读下来感觉每个人都像我"，这也没什么奇怪的。其中很多人都去和自己的父母沟通了，和当年造成了自己创伤的人沟通了。我这样写，很多读者都反映说："那些人是不可能这样就改变的。"

说得没错，改变自己都这样难，改变别人更不可能了。更可怜的是，有时候我们努力地去沟通，鼓起了说都说不清多么大的勇气，看到了对方的一点点改变，欣喜若狂、感动万分，还以为改变已经开始了，可那其实只是一瞬间的事。一切很快就回归了起点。

　　可是我们已经在自救了。自救的第一步是"认知"。我们心里的痛苦当然不会都来自童年，更不是都来自父母或某个人，但一定是有原因的。固然看清每一个问题的原因太难了，但每认识到一个，都是很棒的进步。我所写的每一个人物，在"成人幼儿园"中的经历，跟蒋园长沟通的经历，就是一个认知的过程，而认知是起步，也是最重要的一步。很多的认知并不是靠一个有智慧的人来告诉我们，而是在我们身处某个环境、找到某个状态、遇到某个可以诉说的人之后，在自己诉说和整理的过程中，自己对自己讲清楚的。这些一点点被看清的痛苦，跟我们小时候摔跟头磕的疤、年轻时不穿秋裤冻出来的关节炎一样，是实实在在的病，不是丢脸的事。不要着急，不要沮丧，有很多办法治疗自己。已经开始了解了，就已经是最棒的自己了。

❀

重新长大

❀

许苑 ｜ 我和我的情绪

闹表响的时候，许苑还睁着眼睛。她一夜未眠，身边躺着紧紧挤着她熟睡的女儿和呈大字形酣睡的丈夫张文。

在她身边自己的手机里，存着昨夜从丈夫手机里拍到的他出轨的证据。

他昨夜回来得很晚——这很正常。但他可能是喝了酒或太累了，手机还亮着，就睡着了。许苑本想帮他把手机锁屏、充上电，却一眼看到了跳出来的信息。

"你要是再不理我，下次人家不跟你玩了哟！"

就像着了魔似的，许苑拿起那个手机，打开了那条信息。

发来信息的是一个头像很美丽的女孩子。她翻看了这女孩和丈夫的聊天记录，得知他们是早已发生过关系的甜腻的情人。

所有证据一一用自己的手机拍下。但光凭这些，还不至于令每天疲倦至极的许苑一夜难眠。她还看到丈夫频繁地对着情人抱怨自己。

"你不知道对着那样一个邋遢粗心又一点情趣都没有的女的有多反胃。"

"当初要不是因为她以死相逼，谁会娶她，她真是把我毁了。"

"你做的三明治特别好吃，宝贝儿。我从来没吃过。你真是贤妻良母。"

三明治的信息是昨天，昨天跟往常一样，许苑帮丈夫做了午餐带到公司。考虑到加热之后还好不好吃的问题，她做了不容易变腥的卤牛肉，她卤了四个小时。

虽然又累又气，但闹表响了。对一个主妇来说，除了起床绝无第二个选项。

她把女儿喊醒，往常她这样做时会特别小心，不打扰到应酬到很晚才回来的丈夫，今天因为一腔怒气，她的声音和动作都特别粗暴。

女儿醒了，不敢撒娇，又没睡够，就蜷缩在那里不动。

"给你三分钟，起来穿衣服。"许苑冷冰冰地说。

张文听到这些，皱起眉头不耐烦地翻了个身。

早饭做好时，张文也起来了。

"怎么又是面条？！你平时也上点心吧，别的女的谁这么怠慢自己的老公？"

喂孩子吃早饭时，张文举着他的牙刷跑出来，怒气冲冲："怎么还没买新牙刷？我都说了好几遍了！！"

许苑确实把这件事给忘了。她嘟囔着:"今天去买不就得了。"

"今天把我带回来的那个羊腿给我爸妈送过去。别再忘了,再忘都要放坏了。你那个脑子能记住什么?!"

"我前天刚跑过一趟 B 市送鱼,怎么不一起让我送?那么远的路……"

"怎么了?还嫌麻烦?你一天天的什么事都没有,不应该多去看看我爸妈?!"

许苑有一万句话堵在心头,却化成一丝冷笑。"你妈又让我生儿子,我怎么说?"

张文听了,扭头看着她,眼神中满含着惊诧和不屑。"有病。"

他虽没有一句好话,心情却不是很坏,说完就哼起了歌。

许苑看着他这个样子,感到百般委屈和烦躁涌上心头。她多想能跟他吵一架,大声地骂他,质问他:我到底哪里邋遢,哪里把你伺候得不好了?你干了肮脏的事也就罢了,为什么还能这样理直气壮地跟妍头来指责我?

但许苑说不出。她扭头看到孩子磨磨蹭蹭的不知道在捏什么东西，气不打一处来，粗暴地把孩子拖到门口。

许苑一手提着羊腿，一手牵着孩子。出门晚了，二十分钟的路，只给许苑剩下了十分钟。顾不得手被沉重的羊腿勒得生疼，只顾着奋力赶路的时候，电话响了。

她放开孩子的手，接起电话，是她的妈妈。

"小宝呀，"许苑的妈妈到现在还在叫她小宝，"我的手机呀，今天来电话就是不响，怎么回事啊？"

"又把静音键给碰到了吧？"许苑气喘吁吁地说，还不忘回头催促腾不出手牵着的女儿。小朋友赶得满头大汗，也追不上妈妈。

"咦？你这是什么态度？"许苑的妈妈慢腾腾地说，"我只是有个小小的问题要问你，你就这样不耐烦了。等我老了，走不动路了，你还不得把我扔到养老院去？"

"不是的妈妈……"许苑连忙放软了语气，"我出门晚了，元元上学要迟到了，我正在路上……"

"啧。"许苑的妈妈响亮地啧过之后，却还要留出挺长时间的震慑空白，"你呀，从小就是这个样子。磨磨蹭蹭，毫无时间观念。要不阿文怎么总是对你不满意。效率，规划，这是做人最重要的。你连最简单的家庭主妇的工作都做不好，问题正是出在这里。"

"抱歉，抱歉，我们来晚了。"到了幼儿园，幼儿园正要关门，接孩子的老师已经准备回教室了，见到许苑和孩子，老师又折了回来。妈妈还在絮絮叨叨地责备许苑"无能"，她也顾不上听了，一面连连道歉，一面紧着把自己的小孩往老师那里推。

许苑注意到今天接孩子的老师身边还站着一位女士，她六十岁左右的样子，笑得很慈祥。这是这所幼儿园的创始人蒋园长，许苑知道，因为幼儿园里就挂着蒋园长的画像。

完了，今天幼儿园老领导来检查工作了。她这样想着，更奋力地推着自己的孩子。

谁知小朋友号啕大哭了起来。

"妈妈！妈妈！我要妈妈！！"孩子一边讨人厌地哭着，一边用小手胡乱揪着许苑手里提羊腿的袋子。那条羊腿重得离奇，早已把许苑的手指勒得痛极了。被孩子这样一拽，简直是钻心地疼。

"你怎么回事？！"许苑暴怒地扯下孩子的小手，用自己的手指头狠狠地戳着孩子的小肩膀，把小朋友戳得直往后退，"你都四岁了连痛痛快快进幼儿园也不会？！"

孩子哭得失控，简直可以说是尖叫了。"别哭了！"许苑怒吼。在怒吼时，还不忘抱着歉意抬头对老师笑一笑。"现在！立刻！给我进去！！！再哭？！再哭我就不要你了，你就没有妈妈了张子元！！"

接孩子的老师很尴尬，她走出院门来拉住孩子的小手柔声哄着。孩子的小脸上满是绝望，她轻轻依靠在老师身边，总算答应跟着老师进去。

老师又对面红耳赤、脖子上的筋都在跳动的许苑说："元元妈妈，您先冷静一下，我带孩子进去了。"

"对不起，对不起，是我们来晚了。下次一定再早点起。"

孩子跟着老师进去的路上还在号啕大哭，许苑连看也不想多看一眼，提着羊腿躲到了幼儿园旁边的墙角。她靠在那里，胸中的暴怒还在熊熊燃烧。手被羊腿勒得剧痛，她感到无比疲惫和绝望。但哪里还能休息呢？到公婆家的长途车快要发车了，要是赶不上，还得再等两个小时。这样二老中午就吃不上羊腿了。

正准备迈开双腿的时候，她听到了一个很温柔的声音："好大的一条羊腿啊。"

她转过头来，看到蒋园长笑眯眯地看着她。

"您是……蒋红安园长吧？"

"不是园长喽，已经退休了。"

"您今天是来幼儿园视察的吧？真是不好意思，我们今天起晚了。"

"别在意，我也不是来视察的，就是今天早晨起得早下楼晨练，经过幼儿园就过来看看。"她那么悠闲，声音平稳又丝滑，就像滑溜溜的被子拂过许苑的心脏。许苑从老园长的面孔上、语气中，没有看到一丝一毫对她的不满——毕竟她是一个无力把孩子教养得乖顺，也没能按时把孩子送来幼儿园的失败的母亲。

"你带着大羊腿这是要去哪儿啊？"

许苑的公婆住在 B 市，开车要一个半小时，乘坐长途车却要三个小时。这天巧了，蒋园长碰巧要去 B 市办事，热情地邀请许苑坐她的车同去。许苑一开始觉得不好意思，连连推辞，蒋园长又说，她在那里办事大概要半个小时，完了事就返程，若是时间允许，许苑可以再跟着她一起回来。

去一趟公婆那里，光往返就要六个小时，这一天就变得特别紧张，做什么都来不及了。再加上每次去了公婆总要找碴儿训话，又要耽搁好一阵子。碰巧有借口能早点返程，许苑忙不迭地答应了。

她坐在蒋园长车上正尴尬着不知说什么好时，电话又来了。

不用说，又是许苑的妈妈。

"糟糕，把她老人家给忘了。"许苑嘀咕。

她接起电话，那边自然极为不满。许苑当然不能怠慢她，却也不好意思把蒋园长晾着不管。对妈妈说了几次"一会儿给您回电话"，老人家却听不见，兀自说个没完。妈妈的教诲听了一辈子，可现在许苑三十多岁了，再听也还是一样，心慌、头晕、浑身不舒服。

"真不好意思……"总算挂掉电话，许苑一边对蒋园长道歉，一边难过地看到妈妈发来的三篇公众号文章，题目分别是：《自律给你力量》《做了这几件事，是在害你的孩子》《不要等到子欲养而亲不待才后悔！》。

"不自律，当妈不合格，不孝顺"，压根儿也不用点开看，妈妈的意思已经表达得很清楚了。

"刚才这是你妈妈打电话？"蒋园长问道。

"是，让您见笑了。我都这么大年龄了还跟小孩似的被妈妈训斥。"

"你这话说反了，应该这么说：我都这么大了我妈还跟训小孩似的训我。"

蒋园长这样一说，许苑也轻松地笑了起来。

"我看你早晨特别着急，是不是工作很紧张啊？"蒋园长突然问，许苑脸马上就红了。她哪儿有什么工作，不过是个家庭主妇。家庭主妇白天啥事没有，不过就是赶赶长途车，给老人送点肉罢了。

"我没工作，就在家待着。"许苑讪笑。

"哟！那可不轻松啊。"

"在家待着还不轻松？"

"你想想，你有哪天是没什么事乱逛的？是不是觉得什么也没干，其实一点也没歇着？"蒋园长说。

"这倒是……"许苑答道，"大概是我妈说的，我效率太低了，所以才总显得忙忙叨叨的。"

"你妈妈也是全职妈妈吗？"

"不是不是，"许苑说起妈妈，倒是自豪了起来，"我妈妈是咱国内最早的一批 IT 工作人员，可能干了！"

"哦……"蒋园长这一声意味深长，"所以她压根儿也没干过全职妈妈这个活儿呀。"

这个活儿？全职妈妈还算是个活儿？

"孩子的生活和教育全是你管吧？家里卫生和饮食全是你管吧？两边老人都是你一个人照顾吧？还有那一大堆哪里坏了，哪里要交费了，搬个家呀，换个家具呀，是不是都是你管？"

当然，全家就她没工作，她不干谁干？可被蒋园长这样一罗列，"活儿"还真不少。

"到了晚上，你老公下班了，你妈妈也下班了，你下得了班吗？都吃完饭了你不还得洗碗？孩子不还得管着？等她睡了，你还得收拾吧？这每天工时可长了去了。"

许苑听了，哈哈直笑。蒋园长认真地把全职妈妈说成一份工作，连"工时"这种词都用上了。可蒋园长还没说完，她又说："到了月底，他们都发工资了吧，到了年底，他们还有表彰大会呢。谁表彰你啊，谁给你发工资啊？"

"没有，没有，没人给我发奖状！"许苑觉得很久没有这么轻松地笑过了，可笑着笑着却又觉得有点委屈。

"全职妈妈，不能说是咱们社会上最辛苦的工作，也能说是跟别的工作并列最辛苦的工作了。你可别瞧不起自己的工作呀。"

"您说得倒像真的似的，我家里可没人这样想。"别说她家了，谁家会这样想？别的小朋友的家长送孩子，都穿着整洁的职业装。只有许苑，早晨忙得不可开交时，经常穿着家居服就出门了。没工作、没本事，许苑一直深以为耻。

"我还想问问你，你生宝宝以前是做什么工作的？"

"我以前是个会计。"许苑答道。

"那生完宝宝怎么就辞职了呢？"

"她爸说，我挣的那几毛钱还不够喝西北风呢。"

"你是不是觉得，他是在说你的工作没价值，你没本事？"

当然啦。本来也没价值，本来也没本事啊。

"其实，他深层的意思是，你做全职妈妈，给家庭带来的价值大于你做会计的价值。你替代的是保姆、保洁，还有老人帮忙带孩子带来的健康问题产生的费用。你想想，是不是？"

说到这里，车子已经开到许苑公婆家楼下了。约好半小时后蒋园长来接她，许苑提着羊腿往公婆家走时，脑袋晕乎乎的。蒋园长说得都没错，可为什么她就感受不到自己的能干和价值？

许苑的公公给她开门时，没有一点好脸色。许苑倒习以为常，像平常一样笑容满面，说明了来意，又把羊腿递了过去。婆婆倒是个周到人，脸上还有点笑模样，让她坐下歇歇。可屁股刚在沙发上摆平，婆婆就开始了。

"我儿上班去啦？"

"嗯。"

"你看看，天天起早贪黑，多辛苦啊。"

起早贪黑？许苑想到他手机里那些令人恶心的对话，心中冷笑。起得倒是早，也不知道天天在哪里贪黑。婆婆还在说："但凡家里有个人能分担分担，我儿子也不至于年纪轻轻累得这个样子。你看你爸，年轻的时候每天五点就能下班回来，还能出去打牌呢。"

公公在旁边一言不发。自从女儿元元出世，公公对许苑就没再笑过。仿佛她若不再生出一个大胖儿子，就不值得老人家咧一咧嘴。

"张文没多辛苦，起得比我晚，睡得比我早。"许苑也不知道哪儿来的勇气，这样回答了婆婆。

"你……你那能一样吗？你醒着也是闲着！"婆婆挺生气，客客气气的微笑也收了起来。

"也没闲着啊。"在蒋园长这么说之前，许苑还真没意识到自己每天做了多少事，"您看我现在不就没闲着吗？家里那么多家务没干呢，还得在这儿跟您聊天。"

"这……"婆婆搭不上话了，公公马上挺起腰板站了过来，"你怎么说话呢？什么叫得跟你妈聊天，谁求着你来了？"

"张文啊。"许苑说得平静，其实心里又怒又怕。

"你什么意思？！"

"没别的意思，就是家里事很多，跑一趟 B 市一天又没了。张文孝顺，自己还不乐意出力。"

"你究竟出什么力了？这么大一条羊腿，你出一分钱了吗？嫁进门这么多年了，给我们买过什么像样的东西没有？钱也不挣，孩子也生不出来，你究竟出什么力了？"

许苑被公公气得笑起来。他这些年来倒光绷着脸，丑话果然憋着没有说出口。他到底不愿意直接说出生不出儿子这句话，竟然说出生不出孩子来了。合着元元已经四岁了，连个孩子都不是？

"原来您二老从来也不帮我们小家的忙，是因为元元是个
女孩？"

公婆二老都僵住了。

"我从来没求过您，我觉得我是元元的妈妈，带元元当然得
我自己来。但我就一个人，不可能又带孩子又上班去，我又不
像您两位，命好，张文小时候厂里有托儿所，他奶奶当时也硬
朗。连房子都是工厂分的，不像我们俩。"

她提到房子，是因为他们俩住的是许苑妈妈名下的一套小
两居。公婆都知道，被戳中了痛点。公公性格比较暴躁，马上
就要爆发，婆婆却把他拦住了。

"苑啊，你说这话是什么意思妈明白。但非要去你们那儿生
活，不也是因为你吗？要不然，张文在我们厂里，你爸怎么提
携他不成？这些咱们都不提了，最主要的就是你。男人是家里
的顶梁柱，女人是什么？女人是后备军啊！后备军得把最重要
的事放在心上，你说是不是？"

"最重要的事，就是生二胎吧？"

"还用说吗。哪儿有女人不生儿子的。"

"我妈就没生儿子。"许苑表情僵硬。

"那不是赶上不让再生了吗,现在可不一样了。你说,你想要爸爸妈妈疼你,不得先做点什么吗?不然爸爸妈妈哪儿能平白就满意了呢?"

许苑听到这里,心头倒是一阵平静。她思忖了一会儿,开口道:"我知道您二老想抱孙子,张文也知道。也不是光您二位急,张文也急,这不是在外头给您又找了个儿媳妇吗。我也不再给您添堵了,回家我就跟他离了,咱们都清净。"

她说完一看表,约好的半小时已经快到了。她坚决地站起来,婆婆脸色煞白地拉她,她一把甩开了。

下楼时,蒋园长的车还没来,许苑站在路边,浑身哆嗦。她这辈子从来没有顶撞过长辈,这算是头一回。不知这到底是因为昨晚发现了张文的外遇,还是因为蒋园长的一席话。

这样对婆婆说了,后果会是什么样?不用猜,婆婆立马就会给张文打电话。这样张文就会知道她偷看了他的手机。他会怎么样?认错吗?求饶吗?可许苑又想,他恐怕不会做这些。

"我找外遇,还不是被你逼的。"就连张文说这句话时的语气她都能想出来。

想着想着，许苑难过得连肩膀都垂了下去。还好，容不得她继续想下去，蒋园长的车来了。

"又麻烦您了。"

"小事，别客气。我看你挺不高兴，刚才发生什么事了吗？"

"又被公婆撑了一顿，说我不上班，还生不出来儿子。"

"什么？"蒋园长夸张地瞪大了眼睛，"被这么说，你特生气吧？"

"当然，太生气了，我也说了几句，对他们两位挺不礼貌的。"

"你说什么了？"蒋园长温和地问。

不知道为什么，见到蒋园长的第一面，就让许苑觉得无比亲切。也或许是太久没有跟人说心里话，许苑一股脑儿就把方才的你来我往都说了，就连"又找了个儿媳妇"也说了。

"所以……你说的是真的？"

"是真的，我发现了。"

"跟他谈过没有？"

"没谈过。"为什么不谈呢？许苑也说不好。一般电视剧里演的不都是怒极的妻子把丈夫从睡梦中折腾起来，一顿斗殴吗？她却只顾着一个人躺着，痛苦煎熬地度过了一整晚。

"那你今天是第一回跟公公婆婆顶嘴？"

"第一回。"

"你觉得怎么样？轻松点了没有？"

"没有……"许苑活了三十多年，还是第一回被人问"你觉得怎么样"呢。

她毫无经验，只好认真地想、认真地感受了一下。

"害怕，后悔，激动，想着为什么不再忍忍。"

"为什么还想忍着呢？"

"我这么冲动什么都说了，不是添乱吗？本来不论怎样，总还能照样往下过吧。"

"你让我想起了一个小朋友。说是小朋友，现在也快大学毕业了。"蒋园长徐徐说道，"这孩子当时在我们班里，从来不跟人吵架。抢了我的，我就给你；打了我，我就装作没有这码事。看起来总是高高兴兴的，心情很平静。不哭不闹也守纪律。"

我小时候也是这样的，许苑心想。这有什么不对吗？

"我发现，他妈妈是一个特别强势的人。在家里，没有任何东西是他自己真正拥有的。当然哭闹撒娇都不行，他妈妈对他期望很高，要他从小就像个大人样。"

我妈妈也是。许苑在心里想。

"我找他妈妈谈了几回，你猜怎么着？"蒋园长的表情显得很无奈，"他妈妈马上就让他转学走了。不过，最近这个孩子自己联系上了我。他毕业后患上了很严重的抑郁症，好不容易才考上的清华。可惜吧。"

"太可惜了……"考取名校一直是许苑妈妈对许苑的期望，但她当然没那个本事。但是考上的，怎么还会抑郁呢？

"人就像一个罐子，咱们的情绪，生气啊，委屈啊，高兴啊，就像水。有时往里蓄水，有时往外倒水，人才能好好待着，可你跟那孩子一样，不是罐子，是高压锅。没人掀开你们的罐子，你们闷久了，你猜猜会怎么样？"

会爆炸呀。许苑想了想问："那我为啥没炸？"作为常用高压锅的主妇，答案显而易见，她马上自问自答道："因为我有出气孔？！"

"大概如此。所谓出气孔，就是有那么一个人，你可以随便把你的负面情绪发泄出去。那个人不会抛弃你，或者不敢怎么样。"

对许苑来说，那个人就是元元啊。原来她对元元那么凶不是"严厉"，而是"出气"。

不用蒋园长多说什么，许苑已经能明白这样做对孩子是不公平的。她难过地沉默着，车里一片寂静。蒋园长耐心地等着，许苑终于又开口说话了："我不能再当一个高压锅了。"

"说得好！"蒋园长很高兴，"那你准备怎么办呢？"

这么一问，许苑又呆住了。是啊，她能怎么倒水？有话就说，她做得到吗？

"高压锅很难摇身一变，变成茶壶的。你得琢磨琢磨，你是怎么变成高压锅的。人虽然生下来各不相同，但没有谁天生就是高压锅。可能在你小时候，只要想发脾气或者想表达，就会得罪人，就会有后果吧？"

"是啊，是啊。"许苑随便一想，就想起了许多小时候的事情。

"那我们要解决高压锅的问题，就得从根源上解决。"

"怎么从根源上解决？"回家跟妈妈打架？

"你就得回到小时候，重新学着对朋友和大人表达你的愤怒和情绪。"

许苑瞪大了眼睛，像不认识似的看着蒋园长。难道蒋园长有魔法？这就能掏出什么东西把她变回童年去？

蒋园长看着她的样子直笑。

"我要是有魔法就好了，把你们通通变小。可惜没有啊。那我只能创造一个环境，让你们在那里能完完全全地做小孩子。我把那个地方称为'成人的幼儿园'。"

"呵呵，哈哈哈，"许苑笑得尴尬，"这么大人了还能做回小孩子？"

"能的。一开始谁都尴尬，但我有办法让大家放松。你有空的时候可以过来看看。"

不过"做回小孩子"什么的，许苑绝对不会做。做一个高压锅的事先暂且不提，至少拿孩子出气这种事不能再干了。

以往到了接孩子的时间，她每天站在孩子幼儿园门口时都很烦躁。想着又要面对这个讨人厌的小东西，一点也没有想念和亲热。今天她的心情却不同了，也看到了不同的东西。孩子兴高采烈地从幼儿园里出来，远远地见到她，马上"唰"地变了脸。四肢都拘束起来，脸上又挂起了叽叽歪歪令人恼火的表情。

孩子没有做错，错的是我。她这样想。

这个认知没有使她更轻松，反而在她已经背得很重的包袱上又加了重重的一块石头。

"元元，"许苑温柔地对牵到了手里的孩子说，"公园里有好多落叶，咱们去玩玩，好不好？"

她把孩子带去公园，金黄色和褐色的树叶堆了满地。踩上去沙沙地响。可孩子却不敢踩，可怜巴巴地扭着手指站在路边。

许苑觉得很心疼，一时也不知道怎么解决孩子这个状态。毕竟，哪怕是昨天，如果孩子敢往里面踩一脚，她都要叫唤："都是土！！脏死了！！"

她突然豁出去了，捧起一大堆枯叶，直接撒在了孩子身上。

孩子大吃一惊，接着就哈哈地笑了起来。母女两个在枯叶堆里玩得疯极了，当然弄得很狼狈，浑身是土，头发里也塞满了揉碎的枯叶。

玩够了，回到家，两个人一起嘻嘻哈哈地洗干净，衣服也丢进洗衣机里。孩子这一天对着许苑，叽叽喳喳，嘻嘻哈哈，很开朗，眼神里都是欣喜。她玩得尽兴，也很快地睡熟了。这时，许苑接到了一个微信新好友的邀请。漂亮的女孩头像像微商似的，但她一眼就认出了那是谁。

经过这样疲惫漫长混乱的一天，许苑实在没精力直起腰杆子来跟小三吵架了。丈夫还没回家，不知道是不是跟这个女人在一起。她直截了当地问："你想干什么？"

小三恐怕没料到许苑会这样说，久久没有回信息。终于，她发回了一张照片。

是张文熟睡的样子。

"他睡着了，今天就不回家了，我来跟姐姐说一声。"微笑脸。

许苑把手机丢得远远的，在孩子身边不敢出声地痛哭。哭完了，她做了一个决定。

第二天，送完元元，她就把自己整理了一番，前往蒋园长所说的能变回小孩子的场所。

她心想：只是去看看。

可能的话，再跟蒋园长聊一聊。

蒋园长的"成人幼儿园"就在"小孩幼儿园"附近的一栋公寓楼里。许苑"自己送自己"过去,感觉像女儿小时候送她去半日托班。下了电梯,许苑吃了一惊:这里装潢得完全是一个幼儿园的样子。色彩鲜艳,到处挂着画和作品,也有许多"玩具"。

许苑抻着脖子找蒋园长,见到里面有好几位成年人。她当然觉得好奇,就偷偷多看了几眼。有一个年轻的小伙子躺在一堆软垫上,跷着脚丫子看"儿童绘本";有一个跟许苑差不多大的女士,正在书桌前用电脑写东西,但她头上戴着亮晶晶的公主王冠,怀里抱着一个大娃娃,一边写还一边对大娃娃说话;最逗趣的是,居然还有一位老大爷,他像个小孩一样坐在地板上,认真地拼火车轨道。拼好一块之后,就用小火车走一遍,试试看这轨道合理不合理。

"哐嚓,哐嚓,哐嚓,嘟!嘟!!"老大爷嘴里叫着。许苑捂住嘴,怕自己笑出声。如果蒋园长没有把这里的事对她讲得清清楚楚,她恐怕会觉得这儿就像个精神病院。

蒋园长见她来了,脸上挂着温柔又欣喜的表情。

"大家都是高压锅吗?"许苑悄悄问。她突然觉得,蒋园长把"高压锅"这个概念植入了她的脑袋,已经是童趣的第一步了。

"不是,他们都有自己的问题。唯一的共同点是,他们的问题都需要回到小时候才能解决。所以在这里，他们忘记自己是个大人，就连那个必须工作的女孩，我也要求她把工作当作游戏。有的孩子搭建积木，有的孩子画画，她写她的稿子，这些都是幼儿园上午自由选择的游戏。"

"他们看起来都很开心呀。"

"是呀，"蒋园长笑得好慈爱，"你的元元每天在幼儿园里也是这样的。"

真好。许苑想到自己每天沉浸在琐碎的家事中的样子，总是那样烦躁、忙乱。她一眼就看到房间的角落里布置了一块"过家家"区，那里有玩具娃娃、玩具厨房，还有玩具清洁工具。真像我家呀，许苑想，如果能在那里玩一场，恐怕跟在家里做家务的感觉不一样吧。

不过，她也不过是过来看看，也如愿又跟蒋园长聊了一会儿。讲述了昨天跟孩子一起尽情玩耍的场景，蒋园长听了很开心。蒋园长说："那你呢？你开心吗？"

她又这样问了，许苑只好又认真地想了一下："开心，我从来没那样玩过。真的好开心。"

离开蒋园长的"幼儿园"，许苑回到家，马上又坠落回了原本的生活。妈妈又打电话来，催问到底什么时候回去看她，帮她弄手机。家务活儿干得千篇一律、无比烦躁，下午快要接孩子的时间，丈夫张文突然回来了。

"咱们谈谈吧。"他说。

"我快去接孩子了。"许苑表情很冷淡，心头的愤怒在沸腾，她突然想：哇，高压锅快炸了。

"这么早？"张文不耐烦地皱起眉头，许苑冷笑道："你连孩子几点放学都不知道吗。"

"那就速战速决吧。你跟我妈说要离婚是怎么回事？"

许苑本能地慌了，对方的态度又这样毫无道理地咄咄逼人。不过她告诉自己：我要往外倒水，我不能爆炸。"你自己不知道是怎么回事吗？"

"咱们在一起这么多年了，你对我连这点信任都没有吗？"

"没法有。"许苑掏出手机，把昨晚小三的聊天记录摔到他鼻子前面。如此铁证如山，谁知对方竟然早有准备。"这就是我同事，她追我好久了，昨天去帮她办乔迁派对，又不是只有我，全部门都去了。好几个都喝多了睡了一会儿，她非得找事。"

"哈！"许苑气得大笑，"你自己不是跟她说你老婆不理解你，把你的一生都毁了？不是你自己说她身娇体软，比谁都温柔？她发朋友圈还参加模特培训呢，你们公司还有模特业务？"这么一来，张文果然恼羞成怒："你竟然偷看我的手机，你什么时候变得这么可怕？！"

他暴怒着走来走去，叨咕着："过不下去了，过不下去了。"

反咬一口！倒成了我的错了！许苑一秒也待不下去了，她拿上包夺门而出。

距离接孩子还有四十五分钟，她站在街上，耳边突然响起蒋园长温柔的声音："你觉得怎么样？"

愤怒、痛苦、委屈。她这样对自己说，就像已经撑到极限的高压锅。这个样子去接孩子，恐怕又要嗞嗞地出气了。她想到昨天孩子快乐的样子，实在不忍心再伤害孩子。

许苑抹了抹眼泪，终于下定决心，直奔蒋园长的"成人幼儿园"。

这天，她又没带元元回姥姥家挨训，而是陪着孩子去了商场的游乐园。痛快地玩了一晚上回到家后，小孩昏昏欲睡时，许苑对她说："告诉你一个秘密，妈妈今天也报名上幼儿园了。"

小朋友吃了一惊："大人也可以上幼儿园吗？"

"是呀。跟你的幼儿园一样，有温柔的老师，也有小朋友。只不过小朋友们都是大人。"

"那你……"小朋友比比画画地说，"有没有加餐呀？"

"有，老师说每天下午都会有！"

"哇！ 我最喜欢加餐了！"

"你觉得妈妈这两天不一样吗？"许苑问。

小朋友迟疑地点了点头。

"妈妈以前很凶吧？"

小朋友不敢再点头了，她呆呆地躺着不动。

"元元，妈妈对你很严厉，是因为姥姥对妈妈就很严厉。可是我的幼儿园里有一个很好的老师，她告诉我，被严厉的妈妈训斥的小孩子很可怜。所以我就变了。元元，对不起。"

瘦瘦小小的小朋友听完什么也没有说，她过了一会儿就哆嗦了起来。许苑低头一看，孩子哭了。她抹着眼泪，委委屈屈，抽抽搭搭地躲在妈妈怀里哭着。许苑再也不觉得烦了，她紧紧地抱着自己的孩子。

"妈妈会好起来的。"许苑在心里坚定地说。

第二天，是许苑第一天正式入园的日子。蒋园长向大家介绍了她，她特别拘束，连小名也没有，自称是"许苑"。她妈妈没有给她取小名，只喊她小宝。总不能让别人都叫她小宝吧。

虽然拘束，但在一众"小同学"中，她一眼就看到了一个漂亮的男孩子。他看起来只有二十多岁。虽然每个人的状态都像孩子一样放松和愉快，但这个男孩的眼神特别清澈。不知为什么，许苑能感觉到：他好像也很喜欢我。

介绍后，她忸怩了一会儿，终于还是去了"过家家"区，摸摸这里，摸摸那里。娃娃质量真不错，回头给元元也买一个。哟！这个比萨做得跟真的似的。放烤箱里加热一下吧。

"你好，请问我可以尝尝你烤的比萨吗？"

来的人，正是刚才那个男孩。他叫晓杰，说话的声音很温柔。

"给。"许苑啼笑皆非。

"能一起玩吗？"

于是，这位晓杰就成了许苑在"幼儿园"的第一个好朋友。真正的孩子玩起来恐怕会非常吵闹，但晓杰和许苑都是安静的"孩子"。一样是做家务、带孩子，却显得特别温馨有趣。正如许苑所想，她几乎像别人一样，愉快地投入了这个游戏，一点也没有真正在家里做家务的痛苦感觉。

"上课啦，孩子们！"蒋园长突然说。大家都集中到她周围，那个用电脑写东西的女孩紧紧地靠在蒋园长身边，还把手指放在嘴里吮吸着。

今天课程的主题是：我和我的情绪。

"你在什么时候会觉得愤怒？"

被冤枉时，因为生了女孩被贬低时，忙不过来而被指责时。被丈夫背叛时，被丈夫反咬一口时。许苑心想。虽然想着，但她没有举手发言。别的"同学"都很积极。他们愤怒的事各不相同。

"愤怒时，你们会怎么做？"

"咬人！"发言的是年纪最大的那个大爷，他应该是在开玩笑，大家都哈哈地笑起来。

"我会发脾气，会哭，有时候会摔东西。"

"我会打人。"一个看起来三十多岁的男人说。许苑看着他强壮的样子，想到他有可能会打自己的妻子，不由得觉得可怕。但其他同学都没有因此而害怕。

"不能打人。"靠在蒋园长身上的女孩平静地对他说。

"是呀，打人虽然不行，但是我们有其他的方法，对不对？"

"可以打枕头。"别的同学积极发言。

"许苑同学呢？"蒋园长点名了。

"我会忍着。"她尴尬地说。

"然后呢？"晓杰问她，"你就不生气了吗？"

还气呀。这些愤怒永远都不会消失。许苑心想。

"我生气的时候喜欢自己待会儿。"晓杰说。

"等我不那么生气了，再去跟那个惹我生气的人谈。"

许苑想着晓杰的话。不那么生气时，就可以跟张文好好谈谈了吗？可以跟妈妈谈谈吗？

大家又讨论了悲伤、委屈、快乐、幸福等各种情绪。许苑没怎么发言，但她跟着大家的话题在思考。这也是她第一次认真在想：我在什么时候会快乐，什么时候会悲伤。

快乐时，我是怎么表达的，悲伤时，我又是怎么表达的。

这些都逐一水落石出，她不会表达。她是一个高压锅。连快乐都压在锅里的高压锅。

讨论课上完了，蒋园长邀请大家站起来跟着音乐、拉起手来跳舞。身边三十多岁的男同学来拉许苑的手。许苑婚后这么多年没有碰触过任何人，突然被陌生人触摸到，她本能地像触电一样躲开了。

她僵硬地站在那里，别的同学都看着她。

蒋园长也看着她。那眼神与其说是责备和疑惑，不如说是鼓励。

我的感受是尴尬，我的愿望是不要跳舞。我想说出来。

"我不想跳舞。"许苑说。

蒋园长哈哈地笑起来，她说："好呀，那你可以去玩别的啦。"

第一天上"幼儿园"，蒋园长对她的评价是："真棒！"新交到的好朋友晓杰对她说："明天见。"这一切使许苑心里觉得很高兴。孩子放学后，她带着元元回了自己的妈妈家。手机的问题很容易解决，她笑着对妈妈说："像您这么厉害的 IT 工程师，这个小问题恐怕只是借口吧？"

她妈妈愣了一下，说："胡说八道什么呢。"

"您下次要是想我了，可以直接告诉我。我有时间就回来。"

许苑自己不太一样了。她放松了一点点，快乐了一点点，神奇的是，妈妈的责备也少了。

张文跟她谈了一次，不欢而散后，久久没再出现。他不再出现，家务神奇地变少了许多。

在"幼儿园"里，她除了晓杰之外，也结交了其他的朋友。当然，也有很多矛盾。其中她最不喜欢的就是那个说自己会打人的男人。终于有一天，两人爆发了冲突。对方找到蒋园长告状，说："她抢我的小汽车！"

"我没有……"许苑觉得又委屈又气愤。说起来挺好笑，这冲突实实在在是小孩之间的那种，但许苑却不觉得好笑。她想起了她的丈夫对小三告的状："她邋遢，自私，不关心我。"

"发生了什么事啊？"蒋园长的样子仿佛这样的冲突再正常不过了，"你们说说发生了什么事？"

"这个是我拼的！她抢走了？"

"我没有……"许苑弱弱地重复。

"别着急。"蒋园长用温暖的手掌抚摸着许苑的手臂说，"你说说看。"

"我……我没有拿走，只是拿起来看看。我也不知道是你拼的，以为是教室里本来就有的。"

对方愣了一下。许苑看着他，想着：我现在的感受是什么？我要不要说出来？

"你能跟我说声对不起吗？"许苑这样问，虽然声音很弱，但眼神却很坚定。是蒋园长让她知道：我的要求不过分，我可以这么说。

"对不起。"男人很窘迫，但还是开口了。

"没关系。"

这一天"放学"后，许苑正带着元元在商场里玩，没想到竟然碰见了那个"男生"。他也带着自己的孩子在商场里玩。更没想到的是，两个孩子竟然也是同班同学，马上就玩在了一起。

"这么巧。"在"幼儿园"之外，那男人看起来状态和气质都不太一样了。

"哈哈，有点尴尬啊。"许苑笑着说。

"你是不是挺不喜欢我的？"男人突然问。不知为什么，这些在"幼儿园"里认识的人彼此之间有一种似乎可以畅所欲言的默契。

"是有一点……"许苑坦诚地说，"我最近跟我老公闹得不愉快，你的脾气有点像他。"

"是吗？那怪不得了。"对方听完没有生气，倒顺畅地接受了这个原因，令许苑对他生出了朋友的好感。

"原来你就是元元的妈妈，我儿子叫抖抖。咱俩也是'同学'，以后可以一起带孩子玩了。"

对许苑来说，解开任何一个小小的不愉快的疙瘩，都是生命中极大的胜利。这成就感不光来自蒋园长时时刻刻的赞赏，更来自她自己。谁知道，这样愉快又单纯的相处时刻竟然刚好被许苑的丈夫撞上了。

抖抖爸爸马上看出气势汹汹冲过来的就是许苑口中的"闹得不愉快"的丈夫，他说："我看着他俩，你去好好谈谈吧。"

许苑想谈，却没有想到，张文完全误会了许苑和抖抖爸爸的关系。

"够可以的啊，你还有脸指责我?！"张文在商场里，众目睽睽之下就嚷嚷起来。

"那只是元元同学的爸爸！你发什么疯?！"许苑并不心虚，却害怕被吼。她不可自控地颤抖起来。

"你对着元元同学的爸爸笑得可够甜的！"确实，许苑在任何人面前都显得很拘束，只有'幼儿园'的那些人除外。虽然区别很小，但相处多年的丈夫还是敏锐地捕捉到了其中的区别。

她正慌乱时，张文劈手抢过了她手中的手机。"你有病吗，我手机里可什么也没有！"许苑尴尬地说。

谁知张文翻看着她的微信，竟然怒极地冷笑起来。

他把那聊天记录展示给许苑看，竟然是许苑跟晓杰放学后的对话。

"我想到了一个特有意思的游戏，明天咱们一起玩。"晓杰说。

"你还有脸义正词严地说我出轨?!"张文可以说是咬牙切齿。

许苑想起丈夫手机里的女孩说"下次人家不跟你玩了哦",才意识到,在"龌龊"的人眼中,正常的话读起来是有深意的。她感觉受到了很大的侮辱,怒道:"你这个人怎么那么恶心!"

张文不依不饶地继续说:"你跟我妈说我搞外遇要离婚,原来是你着急要改嫁?"

"……"许苑感到万念俱灰,对眼前这个人失望到了极点,想好好聊聊的愿望也不复存在了。她硬邦邦地说:"算了,随便你怎么想。咱们分手吧。"

不能说出口的拒绝，不能表达出来的情绪，无论多么微小，都会重压在心头。这些表达本应获得理解和接纳，而自己对自己的认知、洞察、理解和接纳就是开始表达的起点。

对自己说：

_____

_____

_____

_____

_____

_____

_____

_____

_____

_____

_____

_____

_____

_____

张文 | 我和我内心的力量

张文少年时，是个风风火火的勇猛又仗义的孩子。如果生在古代，恐怕就要鲜衣怒马、仗剑走天涯。无论上学时还是工作后，他对朋友、对工作都充满了赤诚。他从小就笃定自己日后会功成名就，像一个高高在上的英雄人物，江湖上到处是他的传说。

如今他快要四十岁了。生活和事业都很好，但那其实只是"看上去"很好罢了。

再怎么不承认，但自己不是个英雄，只是个中年男人，这事实日益浮上水面。

这时候，有人来拯救他了：那个对他一见钟情的少女今年刚刚大学毕业，脸蛋和手臂一眼望去带着年轻人的弹性。她迷恋张文，摆出一副非他不可，只要能跟着他，刀山火海也不怕，没名没分也没关系的姿态。

这正是此时此刻的张文急需的崇拜。女孩住在单位的集体宿舍里，没有见过高级华丽的东西。张文每次和她见面，都要去开一间最豪华的套房。他喜欢看那女孩震惊的面孔。

身边相好的朋友许多都知道他的风流韵事，由于女孩确实长得很好看，他们也都很羡慕。巧的是，跟女孩在一起后，他盼了很久的升职终于也快批下来了。这样一来，张文终于找到些英雄的感觉了——自古英雄难过美人关。至于家里的妻子会不会发现，发现了又要如何收场，他从来没有烦恼过。

谁知道，春风得意的美梦并没有做多久。

那天张文去商场是要给他的小女友买一份珠宝。她趴在珠宝柜台流口水的样子特别可爱，他就暗暗记在了心里。谁知，他却在商场"抓到"了自己的妻子，正和一个男人有说有笑。

事后想想，因为妻子跟孩子同学的家长站在一起说话而大发雷霆实在毫无道理，但张文那时就是有一种直觉——妻子的状态跟平时不一样。她永远是沉默的、拘束的、劳碌的，眼睛里没有光。而对着那个男人说笑时，她整个人笼罩着一层温柔的光芒。张文以为自己那时失去了理智愤怒又痛苦全是因为面子，可若要在乎面子，是绝不该在商场里人来人往的地方发怒的。

他发了大怒，还抢了妻子的手机看了，找到了"铁证"。铁证面前妻子还嘴硬不承认，竟然还把他也出轨的事拿出来作为要挟坚持要离婚。两人都在气头上，一气之下，就去民政局领了离婚证。

张文心中怄着一股大气，见了许苑便怒火冲天，但他却发现她已经不再生气了。她姿态很平静地跟他一起办好了离婚手续，接着平静地对他说："那我走了，等你心情平静下来，咱们好好谈谈。"

她走了，留给他一个渐行渐远、毫不留恋的背影。

这背影使张文突然想起了小时候。那时他的父母在外地建新厂，每次回来待几天就赶着要走。走时，两人都是急匆匆的，留给他一个连回头都没有的背影。那时的张文，连一个固定能养育他的长辈都没有。各家亲戚像踢皮球似的把他踢来踢去。固然每天都跟许多人一起吃饭、一起生活，但他总觉得自己是孤身一人。

现在，他又是孤身一人了。

离婚之后，张文回到自己在公司附近租的房子。平时他加班或喝了酒，就独自回到这里休息。别人可能以为他跟小女友在这里筑了欢乐窝，其实独居的日子太孤独狼狈了，他的小屋毫无气派可言。不要说小女友，他的前妻也从来没有来过。

他离了婚再回来，这里竟然比平时更清冷了一些。不知为何，领完离婚证后，最初见到的前妻的模样总萦绕在他脑海里。他们是长辈介绍的。那时她大学刚毕业，坐在咖啡馆窗户边的阳光里，安安静静地望着他。是那种沁人心脾的温柔打动了他。这样的温柔是他从来没有见过的，更没有从身边任何女性身上得到过。跟她结婚始终是张文唯一的选项。婚后固然枯燥乏味，妻子做的饭他也吃腻了，但他从未想过要换一个妻子。结婚十年而从未争吵，也是张文一直引以为傲的事。十年没有吵闹过的女人，说走就走，不留情面。十年，连铁块也能长在一起，更何况是人，可能正因如此，张文不停地想着她。就连吃腻了的那些她的拿手菜也突然又馋了起来。等到女友娇滴滴发来语音的时候，他才发现自己心里全是前妻的一颦一笑，已经好久没想起女友了。

怀着这样突如其来的不舍，再想起她的那些"出轨"的铁证时，张文的感情变了。他开始觉得自己是不是想多了，是不是理解错了。她这么多年勤恳踏实地照顾着这个家，怎么可能做出他幻想的那些丑事？

这样想着，张文就很渴望能再见一见前妻，如她所说，好好地聊一聊。可还没能成功约上她，许诺今年完成了业绩就给他升职的领导却突然通知他：由于公司经营不善，他的整个部门都要作为冗余部门被裁掉了。他业绩固然不差，但苦于行业低落，张文四处托关系折腾了一番也没用，只能惨兮兮地离开工作了好多年的公司。

离开公司时，许多老友约他不醉不归，张文却无力应邀。算算孩子大概快要放学了，他就想着去幼儿园看看孩子，当然也能遇到前妻。不管怎样，还能看看她们也好。

走到幼儿园附近时，他看到前妻跟一个年轻漂亮的男人一起从一栋居民楼里走了出来。

内心百感交集，强烈的感情冲击着张文的内心，但他没能发火或者说出什么难听的话，只是冲上前去，面红耳赤地站在了前妻面前。

"啊！你怎么来了？"许苑又很平静，她跟年轻人告别后，对张文说，"你脸色怎么这么差？"

已经离婚了的两个人，一起去幼儿园接了女儿。孩子又见到爸爸，特别高兴。张文也很高兴，可高兴之余却特别心酸，费了挺大劲才没有流出眼泪来。他开车跟前妻一起把孩子送回以前的丈母娘家，前妻答应跟他一起找个地方坐坐。不管刚才那个小伙子究竟是谁，许苑的话让张文觉得心头温暖。她不光注意到了他状态很差，也没有把他放着不管。

两人在一家咖啡馆坐定。十年过去了，许苑不再是刚毕业的姑娘，却还是那么温柔娴静。不知是不是张文戴上了什么滤镜，他觉得许苑整体都不一样了，连脸都比以前漂亮了。

离婚后他们已经一周没见，彼此聊了聊近况。许苑的父母特别生气，许苑跟他们大吵了一架。谁知道从没顶过嘴的许苑这样一吵闹，她和妈妈的关系反而更亲密了。许苑听说张文被裁员了，特别震惊。她知道张文向来都把工作看得极重。她说："你还好吗？"

"不太好，特别想……元元。"张文到底说不出"特别想你"

这句话。

"她有没有好好陪着你？"第三者是两人间的一根刺。许苑还是直接提了起来，使气氛马上添了酸味和火药味。张文却啼笑皆非："没再见过了。这些都是逢场作戏而已，你真的没必要那么生气。"

"有没有必要生气应该我说了算吧？"许苑皱起眉头。

"你还不是一样，这么快就跟小伙子出双入对了？"张文心里本来就憋着不舒服，这时就直接把话撑在许苑脸上。

"你说晓杰吗？真的不是你想的那样。"

"不是我想的那样？你们可是从他家出来的啊。"是一栋陌生的居民楼，张文就琢磨着，一定是男方的家了。

"那不是晓杰的家，那是我们的幼儿园。"

"啥幼儿园？玩游戏的幼儿园？"张文又想起前妻跟那个"晓杰"微信里的字字句句，怒火又点了起来。

"你生什么气？我没有出轨，是你的误会，出轨的是你。你只是误会就这么生气，还觉得我没必要生气？"

许苑说的道理相当通顺，张文无言以对。可怒火还在心里，他正要开口，许苑却接着说："你现在心里什么感受？我当时比你更难受。你背叛我，还要在背后讲我的是非，怎么，把自己的老婆塑造成一无是处的傻瓜，你的出轨才能名正言顺吗？你才能博得女孩子的同情吗？"

语气虽然非常激烈，但说得却一针见血。张文惊呆了。他这个前妻以前就这么厉害的吗？

"晓杰说的玩游戏是真的。就像元元跟抖抖一起玩的那些游戏是一样的。"许苑的情绪还有些失控，她不耐烦地解释道，"我之前状态很不好，机缘巧合遇到了元元幼儿园退休的老园长。她现在发挥余热，开办一个……算是心理治疗机构吧。就是说，我现在心理有问题，可能是小时候受过刺激，所以再回小时候的状态去重过一回，就叫'成人幼儿园'。"

"这不是胡闹吗！"张文怔怔地说，"你心理有什么问题？你不挺好的吗？"

"不是我发疯咬人才算心理有问题。"许苑逐渐平静下来，"你出轨，我多难受啊，但我也没法直接跟你谈。就连发疯了冲你嚷嚷我也做不到。你爸妈，从结婚前就把我当保姆一样使唤，现在又总用元元是女孩来侮辱我。这么多委屈，我都说不出来。所以发疯是心理问题，什么都说不出来也是心理问题。"

还有这种事？张文想，他的前妻一向温顺得出奇，他觉得挺不错，特别省事。

"元元幼儿园退休的那个老园长，蒋老师，是她告诉我的这一切。她说我就像一个高压锅。之所以忍了三十年还没有疯掉，是因为我总是在拿元元出气。"

"你拿元元出什么气了？！"张文听了也慌了。他虽然平时不怎么管孩子，但要说对自己可爱的女儿没有感情是不可能的。

"放心，我还不至于打她虐待她。但我会严厉地打压她，把孩子折腾得胆子特别小。"

"我以为她是随了你才会这样。"

"也可以这么说，我像我妈对我一样对她，她当然就会跟我一样。"许苑竟然微笑了起来，"所以我才要接受心理治疗，这样对孩子更好。"

"是……"许苑对孩子一向很凶，张文不是没有看在眼里，也不是不心疼。但他没有想那么多。慈母多败儿，老话儿不是这么说的吗？凶一点又有什么不对？养孩子本来就是女人的事，男人别插手不就得了。

"但，唯一的发泄口被堵住了，你说我该怎么办？"

"……"

"所以我得学着，往外诉说。怎么学呢，就得回到小时候，从儿童的状态开始学起。我跟抖抖爸爸和晓杰都是在那个'成人幼儿园'认识的。"

无论张文想象力怎样丰富，也料不到许苑会说出这样一番话。他目瞪口呆，半天才开口。

"你说的我不太懂，但是我觉得你跟以前不一样了。"怪不得。"你跟他们在一起的时候显得特别放松，我还以为是因为婚外情。"他坦诚道。

"那我能问你一些问题吗？"

"你问吧。"

"是这样吗？你是想再找一个年轻的女孩子给你生儿子吗？"许苑问。

"不是，不是。"张文急忙否认，"生不生儿子我无所谓，有元元已经很好了。"

许苑瞪大了眼睛。"真的？"

"这有什么假的。"张文无奈地说，"我从小跟我爸妈就不亲，现在也顾不上陪孩子，跟她玩我也不会啊。但是元元是我的亲生女儿，我当然爱她。要是有人敢伤害我们元元，我一定跟他拼命！"

"那你爸妈那个时候一直骂我生不出儿子，骂我没本事，你为什么从来也不帮我说句话呢？"

张文很震惊。父母这样说许苑吗？他从来没注意过。可现在，他离了婚，父母却马不停蹄地催他再婚，趁着年轻再添一个儿子。这才一周时间，他已经不胜其烦，而这种莫名的压力许苑已经承受了至少四年。

"对不起……"张文心情很沉重，"我从来没有为你想过。"

许苑沉默了好久，终于说："你能跟我说声对不起，我真的很高兴。"

这天，两个人聊得很深。但张文心中还有极想说却说不出的话：咱们离婚，是不是太仓促了，还有机会能再试一次吗？说不出口，只能想别的办法。临别时，他终于问道："我自己状态也很差，也想去试试心理治疗。我也能去你那个'幼儿园'看看吗？"

张文从来没有关注过什么"心理问题"，他想象的心理治疗都是大家围成一圈，哭哭啼啼地诉说自己的痛苦和经历。第一次走进许苑所说的"成人幼儿园"的时候，他吃了一惊。

所谓"回到小时候的状态"，真的不是说说而已，许苑所说的"玩游戏"，竟然真的是实打实地玩游戏。

来到这里，见了蒋园长。蒋园长毫不避讳自己对张文的私事了如指掌的事实，迎头便问："你自己生活，还好吗？会不会觉得很孤独？"

这两句话使张文马上放下了戒备心。在他自己的圈子里，中年离异甚至被当作美谈，谁也不会真心地同情他心头的难过——即便每个人都心知肚明，但这滋味也绝不会好受。

而在前妻的圈子里，对妻儿冷漠苛刻、出轨背叛家庭，必然要受到批评和偏见。但蒋园长却只关心他的感受："你好吗？你孤独吗？"

"真是很孤独。"没聊几句，张文就对和蔼的蒋园长和盘托出，"我真想跟许苑复婚好好过日子，以前对她不好的，再好好补回来。可怎么也说不出口。"

"你以前那样对她，不是因为你想故意伤害她、伤害孩子。你不考虑她的感受，是因为也没有人考虑过你的感受。"

她这样一说，张文突然想起：最近自己日子这样难过，父母却从没问过一句"你好不好"，而是催婚、催婚，不留喘息的空间。

小时候呢？他辗转亲戚家中备受白眼，想念父母，却从来也得不到一句问候。父母每次回来总是大包小包地给亲戚们带东西，满嘴都是"辛苦了，添麻烦了，我这孩子淘气"。

他只对母亲说过一次，三姨不给他吃肉，只给弟弟吃肉。母亲却说："还不是因为你讨厌。"从那以后，张文再也不盼着能拥有父母的关心和爱了。

只有小兄弟们喜欢他、崇拜他。只有成绩好，才能收获表扬。小张文把全部的精力都花在了幼儿园和朋友上，一方面成绩向来优异，另一方面，朋友遍地都是。又优秀，又淘气，这使他终于找到了自己的价值。

后来，他考上很好的大学，又找到不错的工作。各种礼物、生活费源源不断地让前妻送给父母，他们嘴上夸他有出息，真孝顺，有时还用他工作辛苦来挤对前妻，张文心里却知道：这都是他的成就换来的。

不是因为他天生就是个好孩子，毕竟他"讨厌"。

一个快四十岁的老爷们，坐在蒋园长面前，满心酸楚。蒋园长看着他这个样子，轻柔地说："你能来我这里，我很高兴。在这里，无论你是什么样子，每个人都爱你。"

张文平时是个衣冠楚楚的人，谁知进入"成人幼儿园"后，适应得比他自己想的快得多。大家都欣然接受了这个"新来的小朋友"，许苑也对他热情照顾，带着他到处看。他曾以为是前妻外遇对象的晓杰和抖抖爸爸也都对他特别友好。大概了解了环境之后，抖抖爸爸就跟他一起玩了起来。

有人说，男人到老都是孩子，总怀着童真的一面。看来是真的。抖抖爸爸跟张文年龄相仿，性格也相近，特别像他小时候的那些朋友。真有意思，张文心想。他在这里的第一天，交到了一个"好朋友"，而且还在班里有一个"喜欢的女孩"，真的像回到了小时候一样。"放学"后，他又跟前妻一起去接了女儿。其乐融融，令他心情特别舒畅。

第二天情况就更有意思了。张文跟抖抖爸爸一起踢球玩，玩时，他眼睛总偷瞄许苑，想让许苑看看他"英姿勃发"的样子。可是许苑却专注地跟晓杰一起玩游戏。张文又跑到教室里，待在离许苑很近的地方，玩他特别擅长的搭乐高，许苑还是没看他一眼。这样折腾了半天，张文突然想到：他又在傻乎乎地重复自己之前犯的错误了。一门心思地工作、奋斗，还以为只要挣钱升职就能获得每个人的尊重，当然也包括许苑。但许苑的需要却不是看着他在一边"耍猴"。

他主动跑到许苑和晓杰平时玩游戏的区域去问她："我能跟你们一起玩吗？"

晓杰这个小伙子特别奇怪，他就喜欢玩过家家，与其说热爱玩过家家，倒不如说喜欢玩角色扮演。他时而扮演医生，时而扮演老师，时而扮演警察。这倒好，张文一加入游戏就成了爸爸。可这"过家家"的游戏实在太难玩了，那些塑料蔬菜、木头烤箱、玩具娃娃，张文毫无兴趣。加入角色扮演后，他不由自主地很不耐烦，颐指气使起来。

"对不起，我不想跟你一起玩了。"许苑认真地对他说，"如果你还想在这儿玩也行，我就去玩别的了。"

许苑走了，晓杰还留着。"这样吧，我演医生，你演护士。"晓杰说。

许苑不想跟他玩的态度那么坚决，令张文情绪低落。他又想：许苑可能不会再跟他复婚了。他也没敢跟许苑一起去接元元，只是远远地看看娘儿俩的背影。

谁知他这么一瞄，就看到了令他汗毛倒竖的一幕。

张文像猎豹一样，冲出自己的藏身之处，想把站在幼儿园门口的那个人拖走，而不引起任何人（尤其是许苑）的注意，但那怎么可能呢？他从背后一揪住她，她就放声尖叫起来。等扭头看清楚是张文，又连哭带嚷地辱骂起来。不要说许苑了，幼儿园楼上的小朋友都探出小脑袋来看了。

张文没想到他置之不理的情人竟然会找到元元的幼儿园来，也不知道她竟然会这样撒泼。正当张文不知道该怎么办的时候，许苑沉声说："你好，我是张文的前妻。你是他女朋友吧？"

抖抖爸爸直接把元元和抖抖都领回家里去玩了，让这三个乌眼鸡似的大人好好谈一谈。他们找了一个路边餐厅坐下来，张文下意识地想和许苑坐在一起，可许苑悄然避开了。

真的不想跟我玩啊。张文心想。于是三个人各坐三个桌边，气氛剑拔弩张。

"你疯了！你找到这里来想干什么？"张文对女孩呵斥道。

"你不回信息不接电话，你想干什么？"她尖叫。

"咱俩什么关系啊？凭什么我就非得接你电话、回你信息？"张文心虚之余，也想在许苑面前表现出跟女孩划清了界限的样子，声音格外严厉。那女孩从没见过张文这样的脸色，眼泪"唰"地流了下来。她咬紧了牙发狠。

"这就是你前妻？你离婚了，还是你哥们儿告诉我的。你骗我说离了婚就要娶我，现在你翻脸就不认人了！我不是找不着你吗，那我至少能找到你女儿吧？"

听她这么说，许苑听不下去了。她却没有发火，而是温柔地对女孩说："他这样不辞而别，你肯定特别难过。"

"当然了！"她恶狠狠地瞪了许苑一眼。张文口中一无是处的这个前妻，长得干净又整齐，气质也优雅，根本不是他说的那样。

"那天你加我微信给我发他睡觉的照片，我也特别难过。当然现在我们算是和平分手了，但你也大可不必这么理直气壮。"

女孩流着眼泪嚷嚷道："他说他爱我，所以你才是第三者！"她又转向张文嚷嚷着："你答应了要娶我，就必须得娶我！凭什么说话不算话？"

"他也答应过我要永远忠诚。你在跟他交往的时候，怎么会不考虑这个呢？"

"我跟你不一样！"女孩失控地颤抖着说，"我比你年轻漂亮，还比你可爱！"她又对张文说："我究竟哪里不够好了，你为什么要抛弃我啊？我哪里做得不够好，改还不行吗？"话说到这里，她的语气几乎是哀求。就连张文也起了恻隐之心。年轻女孩分手了这样伤心，谁知是因为太爱这个人，还是觉得自己不够好。以前张文不太会注意别人的这些心情，现在他不太一样了。

"不是你不够好，是我们不该在一起。"他对女孩说，"有时间如果你愿意，我们再好好谈谈。但你确实不应该到孩子的幼儿园来。"

"她不会的。"许苑笑着说，表情很温柔。

女孩哭着走后张文问许苑："你怎么对她那么好？"

"她到元元幼儿园门口来堵你，我不得先把她稳住吗？万一发疯了怎么办？"许苑瞪了他一眼，"你还冲她嚷嚷。"

"你不生气吗？"

"能不生气吗，都是你惹出来的破事。"许苑说完匆匆走了，张文站在那儿，莫名觉得有点甜。

张文觉得每天最大的动力就是到"幼儿园"去黏着许苑，可玩了没多久，许苑又把他拒绝了。"我不想跟你一起玩。"

她坚定的态度散发着奇怪的魅力，是以前从来没有过的。张文追问："你为什么不喜欢跟我玩？"

"因为你太霸道了。"许苑说，"你明明就不怎么会玩，还一直指挥我，态度又不怎么样。"

"我真的不喜欢玩过家家呀。"

"那你干吗要找我们一起玩？"许苑瞪着眼睛，完全就是一个"小朋友"。

"我就是想跟你一起玩。"大家都坦诚相待，张文说完，脸涨得通红，就像一个笨拙的丈夫，黏着妻子和孩子（虽然眼下只是一个假娃娃），遭到妻子的嫌弃，他还厚着脸皮往前凑。

"你想跟我一起玩，是因为喜欢我吗？"许苑居然这样问。

"是啊，我喜欢你。"张文的心怦怦地狂跳。

当年向许苑求婚时他都没有这样的感觉。大概因为本来两个人相亲就是奔着结婚去的。

许苑听了，竟然拉起了他的手。"我也喜欢你。不喜欢你那么霸道不代表不喜欢你，你明白吗？"

这番对话后，张文竟然跑到厕所里去躲了好一会儿。这简直是他这辈子听过的最温暖、最美好的一句话。他的心狂跳，停不下来。他不由得想，这可真好。就像他和许苑的人生倒转，有了一次机会，让他们从毫无保留的童年开始交往。他喜欢她，她也喜欢他。"两小无猜""青梅竹马"，一切不美好都有机会修正了，简直就像一部倒叙的小说。

他心里充满了甜蜜和浪漫。再过一周，就是许苑的生日了。张文便开动脑筋，准备给心爱的女孩子准备一个惊喜。成败在此一举，他一定要在那一天取得胜利。

这样的想法听起来蠢得离奇，换了他身边其他的朋友恐怕既不支持也不理解。但抖抖爸爸却理解。他们就像两个叽叽咕咕的大男孩，在"幼儿园"的角落里商量着用什么方法来感动许苑。

"她不喜欢奢侈品，"张文掰着手指头说，"也不喜欢那些没用的花啊草啊，小猫小狗也不喜欢，嫌脏。"

"那还剩下啥了……"抖抖爸爸很无奈，"我老婆就喜欢这些。"

"对啊，那你说，女孩除了这些还有可能喜欢啥？"

"是你的老婆，你得自己想。"抖抖爸爸无奈地说。

哎，自己的老婆，自己想。光是这样想着，张文都觉得高兴。最后他决定，要给许苑写信。许苑生孩子之前特别爱看书，如果信写得特别动人，一定会有很好的"效果"。

"光写信显得光秃秃的，你再弄点什么小心意吧。"抖抖爸爸认真提议，但体格庞大的两个男人蹲在树篱旁边窃窃私语商量出来的招数，怎么听都觉得幼稚。

白天，张文在"幼儿园"里，用蒋园长提供的材料做一些手工送给许苑。晚上，他回自己小小的出租屋里给许苑写信。从未写过任何东西的张文开始得非常艰难，面对一起生活了十年，现在又令自己揪心牵肺的女人，写了"你好"就卡住，实在不像话。想了半天，决定从第一次见面的回忆开始写起。这样一写，第一封信就写了很长。

第二天放学后，张文回到出租屋却见到了没打招呼突然杀来的父母。二老唠叨着他一个人过得多么邋遢，又催着他快些找个女人来照顾他，还说这回过来就是找了个女人要介绍给他，要他赶快给人家打电话。"有人照顾你，我才能放心啊！"这样说个不停，搞得张文不胜其烦。

"元元她妈也真够绝情的，也不知道来帮你收拾收拾。"

听到这样的抱怨，张文忍不住了。"她凭什么要来帮我收拾？这么多年操劳得还不够吗？"

"她操劳什么了？"张文妈妈可忍不了别人这样撑她，"我像她这么大的时候，单位家庭一把抓，天天三餐都照顾好，她呢？你在公司吃了多少年外卖了？"

"您像她这么大的时候，我一个人住在我三姨家。三顿饭并一顿饭，丢了什么东西就把我打一顿。"张文猝不及防地提起，他妈妈怔了一下，接着马上使用流利的话术："你小时候淘气着呢，小偷小摸可不气人吗。"

"我从来没干过小偷小摸的事。"张文的语气里已经有了藏不住的悲愤和痛苦，但他妈妈却好像没察觉。"那都多少年了，你都不记得了。"

"您记得？您亲眼见着了？三姨说什么您都信，亲生的儿子从来也不管，现在我离婚了，您究竟是为我着想催我相亲，还是又想找个地方像踢皮球似的把我丢给别人？"说着说着，好像三十七岁的张文隐退了，五岁的张文出现了，他委屈极了，又悲伤，又勇敢。"你们用不着管我，我这么大了不用再往别人那儿塞了。许苑对你们比对亲爸妈还要热切，你们一句好话也没有。以前你们和我都没看到许苑的好，现在我看到了，我准备恳求许苑和我复合。"

张文妈妈瞠目结舌，张文爸爸急了："那像什么样子？！好马不吃回头草，你徐叔叔家的儿子就跟一个女的分分合合，大伙儿都嫌他丢人！"

"原来如此。"他们都是为了面子——跟从前的张文一样。他们从年轻时就生活在这个厂里，也许结婚生子、工作生活，无不是为了面子。至于一个活生生的儿子十分麻烦怎么办，确实只要丢给亲戚，以为工厂奋斗为名，就算不上丢脸，还显得十分光荣呢，简直是两全其美的好买卖。张文感到绝望又释然。他对父母说："如果我和许苑还能复婚，就请你们不要再插手我们的小家。我早就离开厂区，离开 B 市了。至于咱们这个家，三岁时你们就把我丢下了。"

晚上，他把这一切都写进了信里。这些年对许苑的不公，也一一写了。

"对不起，我诚心诚意地向你道歉。"

第三天，他写了元元。虽然是相处不多的孩子，但那些忙着工作不着家的日子里，他在外面也经常想孩子。没有对许苑说过，现在都写在信里。第四天，他写了自己对十年婚姻生活的感想。虽然没有好好聊过，但他却仔细想过。除了对不起许苑之外，他也写了自己的很多不满足。事业不顺利时，身心俱疲地回到家，盼着许苑能陪他好好看会儿电视，可许苑总是忙得要命，又因为不许元元看电视，所以大人也不许看电视。虽然知道自己根本没分担许苑的家务，更没有体贴过许苑的心情，但那也是张文曾经在家里真真切切的寂寞的时刻。

"我们的第一次婚姻已经过去了，但那也不会没有意义。就像蒋园长说的，你和我的感受都值得诉说是不是？"

第五天，张文放学后跟女孩见了面。他不再逃避，认真地听了女孩的诉说。她这个人糊里糊涂，但好在还年轻，还有大把时间能成长。原来认真地倾听有这么好的效果，女孩不再疯狂和伤心了。临别时，她对张文说："虽然你是个浑蛋，但我不会把你忘了。"这天回家后，张文在信中坦诚地写了他的出轨经历。自己的心情，自己的需求，在那其中获得了怎样虚无缥缈的虚荣心的满足，当然也写了自己的脆弱，自己的下坡路，中年危机的痛苦。他写道："现在我已经明白，靠这些是好不了的。能让我幸福的其实一直都在，我却看不到，那就是你曾经为我照顾好的那个家。"

第六天放学后，他又跟许苑一起去接孩子。过完今天，就是要"决一死战"的日子，张文莫名地紧张和激动。他送母女俩到了楼下，鼓起勇气红着脸说："我能上去跟你们一起吃饭吗？"不知许苑怎么想的，但元元高兴极了。她兴高采烈地要给爸爸看她新画的小公主，直接把张文拽上了楼。

离婚后，张文第一次跟前妻和孩子一起吃了晚饭。即便是离婚前，这样的时光也极少，他总是奔波在各个饭局上。真好啊，这就是温暖的家庭的感觉。张文小时候也没有感受过。

元元睡得早，孩子睡了，许苑对他说："你早点回去吧。好不容易不上班了，按时睡觉，把身体调养过来。"

张文愣了一下。他说："你以前也总是这么说，好不容易周末了，别喝酒了，让身体休息休息吧。好不容易早回来，别玩手机早点睡。"

"是吗？"许苑笑着说，"我都不记得了。"

"但我从来不听你的。"

"哈哈，这个我倒是记得。"

"今天开始听你的，因为你说不管我怎样你都喜欢我是不是？"

"当然，无条件的爱。"许苑笑得真好看，她说，"蒋园长说的。咱们大家彼此都是无条件的爱。"

收获了无条件的爱，怀着希望，张文这一天独自回到出租屋时，不再觉得清冷了。他动笔给许苑写最后一封信。这一封信，他写了长长的、动人的告白。这些话从未对许苑讲过。

"我还想拥有一次爱，也想学着爱你和元元。能不能再给我一次机会，我们重新好好彼此治疗？"

第二天，是许苑的生日，也是张文在"成人幼儿园"的最后一天，过完这一天他就要开始去几家新的公司面试了。

早晨的课结束之后，张文悄悄地把一大沓子信和手工塞给了许苑。

"这是什么啊？"许苑大吃一惊。

"生日礼物，"张文羞赧地挠着头，"生日快乐。"

"哇，是信啊！你居然会写这么多信。"

"是这几天写的，专门为你生日准备的。"张文勇敢地说。

许苑挺高兴，收到这些信之后，她就一直躲在绘本区看信。

张文很想知道她是什么表情，但他太紧张了，连待在教室里都不敢。

他躲在户外，真想抽根烟放松放松。

"这么屄啊？"抖抖爸爸坐在他的身边。

"能不屄吗。"

"你今天要是成功了，我真心为你高兴。"抖抖爸爸说。

"我一直想问你，你为什么会来这个地方上'幼儿园'？"张文问道。

这里的人都各有各的问题，但一般彼此并不问这些。

"我有暴力倾向。"说起心事，抖抖爸爸说，"唉，真想抽根烟。"好兄弟，心照不宣，俩人都无法得逞，彼此相视一笑。

"我跟抖抖妈妈吵架之后，一开始老爱砸东西，后来终于对她动手了。"

"那你……这毛病是怎么来的？"

"学的呗。从小，我爸又打我妈又打我，好好的话不会好好地说。我还以为自己长大之后不会变得跟他一样呢。控制不住自己的时候，真的对自己特别失望。"抖抖爸爸支起身子如数家珍地说，"告诉你我在这儿学到了什么哈。第一，对暴力说不。第二，有任何想法要好好地用嘴，用嘴表达。"张文听他这么认真地强调，嘿嘿笑起来，也没那么紧张了。"第三，打人是不对的。打了我，打了我妈妈，给我带来了很大的伤害，我得去对那个人说，你这样是不对的！！"

"你说了吗？"

"说过了。上个周末回家跟老头儿说的。"抖抖爸爸显得莫名地伤感，"我叽里咕噜说了一大通，他却已经老了，过年前刚摔断了腿，现在站着都哆哆嗦嗦。听我说完这些，他根本没道歉，还说把我养这么好，没什么错。但是我突然就想明白了。"抖抖爸爸说，"他是他，我是我，是俩人，分得干干净净，所以我当然能变成跟他完全不一样的人，对吧？"

"对啊。"张文很佩服。

"我还想跟我媳妇好好道个歉。回头等她回来，我也给她写一堆信。"

"她直接走了？怪不得总看见你一个人带着抖抖。"

"动手之后我媳妇说，有一次就有一百次，非要跟我分手不可。我说我去做心理治疗，我去根治我自己，等我把自己治好了再来求她原谅。她现在已经离开家半年了，我也是寻寻觅觅了很久才找到蒋园长这里。等我好了，蒋园长会给我做证，到

065

时候再把我的媳妇追回来。"

两个男人惺惺相惜，抖抖爸爸用力拍了拍张文的肩。"你今天要是取得胜利，就算是我取得胜利的第一步。我到时候比你还高兴。"

如果哪个"小朋友"刚好"在园"期间过生日，蒋园长就会订个蛋糕，大家一起好好地庆祝。据说还有过压根儿不过生日的小朋友，就想在这里过个生日，蒋园长也会满足。

今天许苑是名正言顺的"小寿星"，蛋糕、蜡烛、王冠俱全，每个"小朋友"都送了她小礼物。市值固然微不足道，但全是一份份心意。

大家吹蜡烛，分蛋糕。那个每天坐在这里拿电脑噼里啪啦打字的女孩，胖乎乎的，听说她刚来的时候连米饭都不吃，现在抱着一大块蛋糕吃得满手都是。

庆祝完了，张文心跳如擂鼓。他想喊，却因为太紧张而变成了咆哮："等一下！！！"

大家都吓了一跳，站在原地看着他。

"我，我知道你把信都看完了，"他紧张得直结巴，"我，我想再用嘴说一次。""小朋友"们恍然大悟，都窃笑着看着他。抖抖爸爸没有窃笑，他也很紧张，捂住了自己阔大的胸口。

"我不想跟你就这么分开，你能不能再给我一次机会！！！"这句话他想了一百种讲法，最后喊出来的却是最赤诚不加掩饰的版本。

许苑连耳朵都红了。她把两只手紧紧地扭在一起。张文知道，在她特别胆怯的时候就会这样死命地扭自己的手。她在胆怯什么呢？

她在大家的目光中沉默了三分钟，终于开口了。

"对不起张文，我不愿意再跟你在一起了。"

张文差点被击倒。但他站住了，继续听着许苑的话。

"我把信都看完了，你特别坦白，我也很感动。我比以前更了解你了。你是一个可怜的人，也是一个很好的人。我愿意做你的朋友，无条件地爱你，永远听你说话，作为朋友彼此治愈。行吗？"

说完这番话，许苑捂住脸哭了起来。

张文手足无措地看着哭泣的她，突然想起了许苑在这里的"课题"。

"我得把我的感受说出来，我得勇敢地拒绝别人。"

他也想起了自己的课题，获得无条件的爱，学着付出无条件的爱。这样说来，既然是无条件的爱，复合与否还有什么关系呢？

"好，我接受你的拒绝。"张文坦然地笑着说。

爱的能力来自被爱的经历，尊重的能力来自被尊重的经历。爱和尊重的力量来自曾经获得的给予。然而在无能为力之前，告别是一种尊重，也是爱的开始。

对自己说：

_____
_____
_____
_____
_____
_____
_____
_____
_____
_____
_____
_____
_____
_____

王晓杰 | 我需要的是爱和尊重

从王晓杰春风得意地从清华大学物理系毕业，到他彻底放弃求职，其实时间只有短短的一个月。然后他每天几乎连房门都不出，不见任何人，只在房间里打游戏。这样的日子过了三年，时间为他做了证明："这个人废了。"

这个从小就优秀、懂事、出类拔萃的人，莫名其妙地废了。他专攻心理学的表姐说，这是他迟来的叛逆期。被压抑的叛逆期卷土重来时，会比在该来的年纪爆发得更激烈。

在所有人之中，最痛苦的可能是王晓杰的妈妈。无数个深夜，她被儿子的堕落压得彻底失眠，砸他的房门，哭喊着、尖叫着："你是不是想要妈妈死？"

晓杰父亲和邻居们都习惯了这深夜的哀号。

但看起来毫无表情，从不答话，只坐着玩电脑游戏和躺着玩手机游戏的王晓杰知道：他比妈妈更痛苦。

在他玩游戏超过十二个小时头痛欲裂的时候，在他队友都下线了只剩他自己的时候，在他无所事事、所有游戏任务都刷完了只能狂玩消消乐的时候，每分每秒，他都痛不欲生。内心深处，他还有对成功的渴望。老同学们知道他的情况并发来问候时，他知道那里面包含着幸灾乐祸。他很难睡着，像妈妈一样失眠。那些夜晚，她扑到他的门上，时而厉声叫喊，时而痛苦倾诉，虽然那些语言像尖刀，但王晓杰每个字都听着。他不需要捂起耳朵试图隔绝这些语言，因为这些语言早就刻到他的心里了。

王晓杰没有一分钱收入。搬离这个家是不可能的，他根本就不费事去想。他却想过去死。死算是给妈妈一个最好的交代吗？死能说清他心里的话吗？

但他知道，即便他自杀，妈妈也只会比现在幸福一点点而已。

因此，他每天每天地活着。

认识蒋园长，是他表姐介绍的。

表姐在读心理学研究生，是一个优秀的女孩。原本王晓杰比她优秀得多。比如她全国数学竞赛只能得七十几名时，王晓杰却可以得到第三名。

这天，表姐来了，直接闯进他的房间，告诉他在她写论文的时候采访老教师，认识了蒋园长。蒋园长有一个很有意思的想法，想开办一家"成人幼儿园"。她说，只要有一个学生，她就要把这个机构办起来。

不知为什么，光是听到这个名字，王晓杰的心就颤抖了。

他放下了手机，颓然地听表姐说着。她说每个痛苦的大人都可以在那里变成孩子。从幼儿园的孩子开始，把自己的童年重新过一遍。

王晓杰的眼睛里逐渐有了光彩，他决定要去。想从妈妈那里争取到什么时，王晓杰习惯说谎。从小太熟练，他编瞎话张口就来："表姐的研究所招实习生，不给钱，还得交学费，但干得好有望留在研究所。"

听到王晓杰终于不再死宅，打算出去学习和工作了，甚至"以后还有可能在研究所里工作"，晓杰妈妈激动得痛哭了一场。但表姐却说："本来问题就出在我姑姑身上，或早或晚都要面对这个问题的。"

"你不明白，现在坦白，我能去才怪。"

王晓杰"废了"之后，表姐跟他妈妈谈过很多次，但他妈妈最讨厌谈这些。表姐说的道理再真情实意也没有用，他妈妈只听到一个意思：你做错了。

王晓杰变成这样，绝对不会是她的错。他现在自甘堕落，都是他爸爸的遗传不好。可遗传不好又有什么办法？儿子已经大了，她再也不能按着他的脖子把他压在书桌前了。

王晓杰第一天出家门时，她又像往常一样想开车送他去——就像那短短一个月的面试，妈妈开着车送他到处跑一样，也像他二十几年的人生中不管去哪里做什么都有妈妈"看守"似的，王晓杰断然拒绝。他使用了撒手锏："你再送我，我就不去上班了。"晓杰妈妈吓坏了，话也不敢再多说一句。

他和表姐商量了半天，表姐主张对他妈妈坦白地说要去哪里，做什么治疗，因为说到底他妈妈才是问题的根源。王晓杰更了解自己的妈妈，直说是绝对不可能的。争论良久，表姐退让了：不管怎么样，先行动起来走出这个困境再说吧。

就这样，王晓杰成了"成人幼儿园"的第一个小朋友。

第二个小朋友是一个做自由职业的女孩子。她就喜欢公主娃娃，总是抱着娃娃用电脑写东西，从不跟王晓杰说话。这样的环境让王晓杰觉得特别舒服，他从来也没有过朋友。后来来的小朋友越来越多了，王晓杰没有对他们主动说过话，当然也没有人跟他做朋友。每天放学回到家，他都对自己的妈妈胡说八道，把自己"在研究所做实习生"的故事编得十分完整。也许对普通人来说，这样过日子简直要精神分裂，但王晓杰并不怕。他这一辈子都是这么过来的。

直到有一天，"幼儿园"来了一个看上去很柔弱的女"小朋友"。她一进入教室就吸引了王晓杰的注意。当她走到王晓杰最喜欢的"过家家"区域时，他看到她在那里面是最自在的。她做"家务"的时候特别熟练，抱起娃娃又特别温柔，更重要的是，她看起来比现在的王晓杰更紧张和害怕。

胆怯的人总会害怕开朗强悍的人，但遇到比自己还弱的人时，反而拥有了勇气。王晓杰对许苑说："能一起玩吗？"从此之后，许苑成了王晓杰这辈子第一个朋友。

他思考着，自己究竟喜欢许苑哪里。她是一个全职妈妈，和自己的妈妈一样。她对待自己的女儿非常严厉，也跟自己的妈妈一样。唯一不同的是，她知道自己错了，来到这里，在改了。一天，晓杰对许苑说："孩子尿裤子啦！"许苑跑来把娃娃抱起来哄着："宝宝不害怕，尿裤子没关系的！"

突然，许苑从小朋友的游戏中跳脱出来，说："我的元元小时候尿裤子，我每次都把她大骂一顿，不明白她为什么连尿尿都不会。"

"你后悔吗？"晓杰问。

"后悔得不得了，恨不得时光倒流，能去抱抱我的小元元。"

王晓杰仿佛看到了二十年前自己的妈妈，正在努力地学习和改正，渴望成为一个温柔的全新的妈妈。

这一天回到家，他对他妈妈说："你记不记得，我小时候总尿裤子？"

"怎么不记得？"他妈妈反而很惊讶王晓杰还能记起那么久以前的事情，"为了训练你用马桶，我把尺子都打断了。裤子都尿湿了，又得洗，我一天有多累你知道吗？"

王晓杰已经二十多年没有再尿过裤子了，可他还是感觉到，他妈妈现在很生气。"原来你不是为我好，你只是不想洗裤子。因为得洗裤子所以打我，连尺子都打断了。"王晓杰面无表情地说。

"你说这话是什么意思？这些年我为你付出了多少，我连班都不能上，连场电影也不能看，就为了陪着你学习考试，不都是为了你吗？"

"没有人要求你这样做。"王晓杰面无表情地说。

"你……你现在真是变得一点良心也没有。那时我们单位组织去海边玩，大家全去了，只有我在家监督你复习。你知道别人是怎么说的吗？说我真是世界上最伟大的母亲！"

"我当然记得。"王晓杰冷笑了一下，"因为你没有去，每天都在用这个来说我。那次我明明考得挺不错的，你却比什么时候都不满意，因为我没对得起你的牺牲。"

"本来就是，付出才有回报！我付出了，没得到回报，不应该生气吗？"

"什么样的回报才算合适？我已经如你所愿考上清华了，你觉得够了吗？没有！你对我说，少得意了，在清华拿个年级第一再回来说话吧。"

"严格要求有什么错？你考上清华不是应该的吗？再也没有像我这样对孩子上心的妈妈了。你考上清华又有什么了不起，失业三年，自甘堕落，你就是这样报答我的！"一提起这三年，晓杰妈妈又擦起了眼泪。

又来了。王晓杰面无表情地想。每当他妈妈一不高兴就要提起他这辈子的各种"不乖"，简直是"如数家珍"。现在当然又添了一条，"让人笑话她三年"。

算了，何苦再听这些呢？王晓杰又回屋锁上了门。

一锁上房门，他就仿佛回到了绝望但怀抱着奇怪的希望的三年。这个房间就是他的洞穴，他就像某种被追赶了一生的野兽似的，躲在这里。虽然寒冬要来了，总要找些吃的，但饿死也比出去被吃掉的好。

就在这个绝望的时刻，许苑来电话了。

"你干吗呢？"

简单的一句朋友间的问候，使王晓杰从绝望中复活了。许苑问他："吃饭了吗？出来玩会儿不？我闺女今天去朋友家住啦。"

许苑说想去蹦床馆，看着孩子们在里面玩得特别开心，她也想玩。但需要一个人跟她一起去，给她壮胆。两个人一起去了蹦床馆。王晓杰坐在蹦床馆的角落里，看着许苑在里面尽情地跳着，也跟着开心起来，站起来加入了许苑的疯癫。整整跳满一个小时，王晓杰想：跟朋友在一起太快乐了。如果以后再也不会孤单一人该有多好。

"你有什么打算？"跳完了，两个神清气爽的大人跑去吃冻酸奶，"要不要再找个男朋友？"

"找男朋友干吗？我从来没这么好过。"许苑笑呵呵地说。

"不管你找不找男朋友，我都当你的好朋友，行吗？"

"当然啦。你是我最好的朋友。"许苑笑得很甜，是小朋友的那种甜。

"那你愿不愿意听听我小时候的事情？"

每一个进入"成人幼儿园"的人都有自己的故事和问题。

王晓杰看起来是一个整洁英俊、聪明平稳的二十五岁的年轻人，他应该正在人生最好最好的时候，应该工作，应该恋爱，应该有许许多多朋友。但他都没有。

"我妈妈怀孕的时候读了一本书，书上说如果没有把自己的孩子培养成人类的精英，就是不称职的父母。我三岁学认字，四岁学英语，刚进小学那年，读的书都是世界名著。从小参加各种奥数比赛、英语比赛、演讲比赛，不拿第一没脸见人。我还从小就打冰球，看不出来吧？"

"看不出来。"许苑笑着说，他的身体太瘦弱了。

"冰球是我无论怎么努力都打不好的。我非常讨厌冰球，讨厌体育竞技。但我妈说，男孩子必须得学这些。

"我高考是我们省的理科状元，大学读的是清华物理系。考上大学之后，我妈把老家的房子和店面全卖了，举家搬到北京来，陪着我在这里读大学。大学时里厉害人太多，我妈妈让我去做学生会主席。"王晓杰笑着摊手，"怎么可能？"

"老天爷，你也太厉害了！——就算没当上学生会主席，你也太厉害了！"

王晓杰对许苑的称赞不置可否。"毕业之后我去面试了几次，其中有一个公司是我特别喜欢的，就是去做母婴杂志的销售。那本杂志我很喜欢，每一篇小文章都很温暖，也很温柔。我想那些人一定也都是善良的人。然后你猜怎么着？"

"你妈妈不同意吧。"她用脚指头也能猜到。

"我一下子觉得活着没什么意思。工作又怎样？结婚又怎样？再生一个小孩，又会像我一样活着。

"我看过一些成功人士的访谈，他们的父母也是非常非常严厉，然后他们功成名就时会很感激他们的父母，会觉得小时候受的这些苦都值了。

"这些东西，我妈妈从小就翻来覆去地给我看。她反复对我说你以后就会感谢我。后来我也在想，那些人为什么看上去那么好呢？为什么只有我这么惨呢？"

王晓杰不说话了，他盯着桌子思考，许苑也不说话了，静静地等着他。

"大概是因为，我不是他们，没有经历过他们的人生。我看不到他们在失败的时候有没有听过一句没关系，在成功的时候有没有听过一句你真棒，他们有没有在发烧的时候得到过一个亲吻，有没有在想要一个朋友的时候听到过妈妈的鼓励。"

这番话说得极为伤心，王晓杰的表情却格外冷漠。当他抬头看许苑的时候，看到她眼眶里满是眼泪。

突然一个念头闯进了王晓杰的脑中。如果许苑是自己小孩的妈妈，她一定不会再让孩子这样活着了。

王晓杰一辈子都在学习。考试、比赛，拿第一。连朋友都没有交过，更不要提女朋友了。待在房间里的三年，他终于有机会读一读关于爱情的故事，谁知却看不太懂。为什么看到一个女人就会心跳，就会紧张？为什么总想跟另一个人在一起？更奇怪的是，为什么会那么痛苦？

跟许苑在一起一点也不痛苦。王晓杰问自己：我有没有爱上许苑？如果爱上许苑，怎么才能跟她开始恋爱？

这样的念头刚一动，他妈妈似乎有感应似的，第二天"放学"回家时，便问他研究所里有没有不错的女孩。

"有。"王晓杰坦然地回答。

"条件好不好？什么出身？"

"我不知道，我就觉得她不错。"

"你去问问。哎，那她长得好看吗？皮肤好不好，个子高不高？"

这些王晓杰还真没注意过。他脱口而出："大概不错吧，她女儿长得就挺白净的。"

"女儿？！"

"是啊，跟前夫生的女儿。"

"离过婚的女人？多大岁数？"晓杰妈妈口中的女孩转眼就变成了"女人"。

"怎么了？如果是这样的人，我想跟她结婚不行吗？"王晓杰已经知道不行了。他不自觉地梗起了脖子。

"你疯了？！妈妈从小就教育你，要离不三不四的人远一点。你怎么一点小事都听不懂啊！"

王晓杰突然想起小时候有过一个很好的朋友。她是一个小野孩，特会爬树。在幼儿园里老师一看不见她就爬到树上去了。王晓杰特别喜欢跟她一起玩，可没有玩几天，他妈妈就找了老师，又找了女孩子的家长，说："这样的孩子没家教，离我们儿子远一点。"不过对方的家长很快就带着孩子移民了。

后来他妈妈还质问过他为什么在冰球队里连一个朋友都没有交到。那时王晓杰面上不敢冷笑，可心里早已冷笑了十遍。冰球队里那些"品"学兼优的小伙子是怎么嘲笑他、排挤他的，如果对妈妈说出来，她也一定会觉得是他有问题。

终于轮到许苑了，终于轮到他二十五年来唯一的朋友了。王晓杰突然觉得很害怕。他妈妈的疯狂只有他最了解，去找许苑说什么"你这样不三不四的女人离我儿子远一点"这样的事情，她绝对做得出来。

王晓杰很后悔，她问有没有好的女孩，直接说全是男的有什么不好？

接下来，就是十一长假。结束了三年的死宅生活，这是王晓杰"复出"的高光时刻，他虽然一万个不愿意，但太怕麻烦，只能跟着父母到处去串亲戚。怕什么来什么，姥姥家的亲戚齐聚一堂时，晓杰妈妈立马扯住他表姐问："他们研究所有一个离婚带孩子的女的勾搭晓杰，怎么回事？"

王晓杰差点疯了，但表姐扯住了冲过来的他。她紧紧握住王晓杰的手腕，仿佛让他冷静，又仿佛要让他做好准备。

"姑姑，我跟您说实话吧，王晓杰不是去研究所做实习生，而是去一个心理治疗机构做治疗。"

晓杰表姐这一招真是不负责任，但很奇怪，大概因为此刻王晓杰太愤怒了。他倒不觉得有什么不好，最好把他妈妈也气得半死。

"什么……晓杰有什么心理问题？"

王晓杰直勾勾地盯着他妈妈说："原生家庭带来的心理问题。"

晓杰妈妈过了一阵子才反应过来，她的眼珠马上就红了。"原生家庭什么问题？咱们家确实经济上很一般，但有的那点钱都拿来培养你了。我还没有说你的问题，你倒说起我们来了。我们差你什么了？差你肉吃了？差你衣裳穿了？"

"差我爱，差我尊重，差我一个道歉。"王晓杰的眼睛也变得血红了。他胸中翻涌着剧烈的痛苦和怒火，正拼命克制着自己不要崩溃。

"这……这就是你治疗的结果？你去的是什么臭骗子治疗机构！哦，我明白了。什么治疗机构，其实只有一个离婚女人吧？"

"她不是离婚女人，她是一个很好的人，是我唯一的朋友。是你从我人生中夺走所有的朋友之后，唯一剩下来的朋友。对，这就是我的治疗结果，因为我终于可以把这些话对你说出来了。"

房内亲戚挺多，听了他们的争吵，纷纷安静旁观。晓杰妈妈的眼泪如瀑布般奔涌。"我白养你了。我这辈子只为了你，盼着你长大成人感激我回报我，怎么就落到你指着我的鼻子骂的这一天？"她悲痛欲绝，哀哭着跌坐在沙发上，"你这是怪小时候妈妈对你太严厉？可怜天下父母心哪，晓杰，我的儿子！你小时候多听话多努力啊，你生病了直发抖还要做题，你以为妈妈不伤心吗？妈妈比你还难受！比你还痛苦！可妈妈为什么要你坚持努力，你真的不明白吗？"

"你比我还难受？确定吗？我高烧了一周，腰酸得根本起不来床，你逼着我坐在那里刷题，就因为幼儿园怕我传染别的孩子不让我去上学，你怕我落下功课。你冷吗？你身体剧痛吗？你绝望吗？你想着我唯一的妈妈为什么要这么对我吗？有人辱骂你吗？有人在你头疼得眼睛快要看不到的时候还在打你的脖子吗？我当然知道你为什么要这么做，因为你有强迫症！你不能忍受我一丝一毫地忤逆你，该上学就得去上学，不然你就受不了，你以为我不知道吗？！那一次我病得昏倒了，爸爸把我背到医院去，因为这件事你骂了我十几年。说我给你添麻烦，说我不争气，难道你不欠我一句道歉吗？"

王晓杰浑身发抖，眼眶仿佛有火在熊熊燃烧。他妈妈坐在那里泪如泉涌，王晓杰却一滴眼泪也流不出来。

"晓杰，晓杰，这是怎么啦？"开口的是王晓杰的姥姥。她今年已经七十岁了，身体也不大好。"你怎么这样对你妈妈嚷嚷？我们晓杰不是最乖的孩子吗？"

"真是，我说这么多年没见这孩子了，他怎么变成这样了！"王晓杰的舅妈也在一边搭茬。

"晓杰呀，你就是你妈妈的命啊！可不能这样，看妈妈多伤心啊！"他姥姥越是这样说，他妈妈越是在一边哭得肝肠寸断。

"跟你们有什么关系……"他表姐很无奈，拦又拦不住。她看到王晓杰一双眼睛直勾勾地盯着他妈妈说："又开始了，真是唱作俱佳啊。连我少吃一口菜你也要当着别人的面哭一场，让别人来训我。"

"太不像话了，妈妈这么伤心你的心是铁做的啊？还不赶紧道歉！"晓杰姥姥气得发了火，用手来扯他。

"我妈为什么不道歉？为什么还要我道歉？从小到大我到底干什么罪大恶极的事了，总要道歉？"他转身逼问姥姥，姥姥一把抓紧衣襟，气得脸色发白。

"胡闹！！你要把你姥姥气死？！"他舅舅也冲上来吼。

"别这样晓杰，好好跟姑姑谈……"他表姐也有点慌了。

"妈妈，"王晓杰不再关注旁人，他眼里只有哭成一团的妈妈，"我也想好好地跟你谈谈。但你得讲道理。在你讲道理之前，我不准备再回家了。"

王晓杰一个人离开了姥姥家。怀着满腔的愤怒疾步走了两公里才清醒过来，说了不能再回家，可是去哪里呢？他全部家当都在家里，自己分文没有，朋友只有一个。

是啊，我还有一个朋友呢。

他给许苑打电话，虽然手还在抖，却装作轻松的样子说："你干吗呢？"

他问许苑能不能在她家暂住一天。王晓杰不谙世事，不明白自己的要求太过分了，没想到许苑断然拒绝了："确实不方便呀！"

正在气头上的王晓杰觉得受到了很大的伤害。他气呼呼地说："行，那你以后也不是我的朋友了！"

他高高的个子，却像个被妈妈抛弃，又跟最好的朋友吵架的孩子一样站在路边哭了起来。哭完了，还是没有人来抱抱他、安慰他，领他回家。擦擦眼泪，他还是得找地方住。世界这么大，他能去的地方却只剩下一处了。

"蒋园长，我能不能在'幼儿园'住一晚上啊？"

"'幼儿园'没有床，你来我家吧。"蒋园长说。

看到蒋园长做的面条时王晓杰才发现自己饿得不行了。光顾着吵架，连饭也没吃。蒋园长跟他一起吃，吃得喜气洋洋。"你终于从家里出来了，我真高兴。"

"值得高兴吗？"王晓杰本来非常不安，就像挣脱了捆绑多年的绳索，自由却无力。听蒋园长这么说，他突然安下心来。

"这一步特别关键，你走出来了，以后会越来越好的！"

"谢谢您收留我。"

"我以前经常收留学生。还有被家里爸爸家暴的，娘儿俩我一起收留。"

"大善人哪。"王晓杰很敬佩。他又想起许苑，冷酷无情，落井下石，见死不救。想起她，他表情又阴郁下来。"对了蒋园长，我以后跟许苑不是朋友了。"

"发生啥事了？"

"本来我想去她家借宿一晚上，但她把我拒绝了。"

听到这句话，蒋园长竟然又开心地笑了。王晓杰不知道她是在开心许苑的进步，有点受伤。"您笑什么啊？"

"你们俩那么要好，你比我了解她。没事，好朋友没有不闹别扭的，你需要的是时间。"

这天王晓杰睡在园长家的客房里。客房布置得特别舒服，他想起这里可能住过很多很多人。他们都跟自己一样，在走投无路的时候得到了这张床。王晓杰特别累，躺在那里又好像被温柔的手捧着，可他却睡不着。

他想着许苑：好朋友真的没有不闹别扭的吗？闹别扭很正常，没关系，会好的吗？

他也想着他妈妈。大怒时对妈妈说的那些话，是不是太过分了？妈妈会不会真的很伤心，她一定在家里哭吧？爸爸从来都不善沟通，妈妈能挺过来吗？

第二天，王晓杰在"幼儿园"看到许苑，马上说："你别过来，我不跟你玩。"

剑拔弩张，两个人大吵了一架。吵完了都气哼哼地找角落躲着，可说实在的，王晓杰已经不生气了。他想明白许苑为什么拒绝了他。他俩一起玩过家家的时候，不是一起对付过晚上跑来的假想敌吗？他当然应该明白一个女人带着小孩子，晚上是要锁好房门，特别注意安全的呀。

"给你一个苹果派。"他对许苑说，"我给你做的。"

王晓杰不知道的是，他妈妈没有自己待着，他表姐一直陪着她。一方面怕她想不开，一方面也怕她闹事。但表姐自己还得去上班，于是他妈妈花了一天半时间，终于挖掘出了"幼儿园"的地址。

蒋园长从事幼教一辈子，见过的闹上门来的家长数不胜数，但这么大年龄的家长还是头一回见。当然她也不怕，年龄再大，也还是她教的孩子的妈妈。

"你就是那个离了婚的女人？！"王晓杰的妈妈震怒地对着一脸褶子的蒋园长说。

"我确实是离过婚……"蒋园长纳闷地摸了摸花白的头发。

"你……你比我岁数还大吧？你要不要脸？？？"

王晓杰听到熟悉的咆哮声，冲出教室，惨白着脸扯住他妈妈的手。"走走走，我跟你走，咱们出去说。"

"离了婚能是什么好人，好好的儿子被你败坏得离家出走，我去警察局告你！不检点！"她在儿子手里挣扎，扭着脑袋尖叫。

王晓杰的妈妈不是没受过教育的泼妇，但她在为了儿子出来吵架的时候，总是这种不知王法和礼貌为何物的浑蛋模样。就像她跑去别人的家长那里说人家孩子没家教，让离她儿子远点似的。

如此蛮横无理的尖叫声，教室里一定人人都听见了。许苑跑出来，一头雾水地说："我听您说离婚的女人，可能是我……"

王晓杰的妈妈定睛一看，眼前的女人年纪轻得多，长得也白净，看来是这个。"你是干吗的？！我儿子是不是上你家同居去了？"

"啊，他其实是在我家住……"蒋园长尴尬地举起手说。

"你们……你们……"以她贫乏的想象力，实在搞不清楚这是什么关系，竟然骂不出什么话来了。教室里的"小朋友"全都露出脑袋看，连常年坐着写稿子的女孩也抱着娃娃出来了。

"你们又是谁？！"

"表姐不是跟你说我在做心理治疗吗？！他们都是来做治疗的。"

教室里的大伙儿都面露难色地向王晓杰的妈妈打了招呼。

她用愤恨不屑的表情对着大家撇了撇嘴，想看出这些人到底都是什么神经错乱的牛鬼蛇神，可他们老老少少，无一不是正经整洁的人。

"这就是你姐说的治疗机构？大家专门坐着说自己父母坏话的？都是没良心的，你们的爸妈——"她指着团成一团的大伙儿骂道，"都不容易！生了你们这些不知好歹的东西！"

"请你停止攻击大家，"蒋园长终于怒了，"要是想了解情况，跟我到会议室来。"

大伙儿都第一次见到蒋园长发火。她没有像王晓杰的妈妈似的口出恶言，声音都没有提高，但她周身熊熊燃烧着不可侵犯的怒火。

王晓杰的妈妈狠狠地瞪了王晓杰和许苑一眼，跟着蒋园长进了屋。

"别偷听了……""幼儿园"里的会议室经过特殊处理，里面讲话外面连一点点声音也听不到，许苑就这样对趴在门缝上的王晓杰说。

"我妈可不可怕？"

"可怕，可怕。"许苑忙不迭地点头。

"她为什么要来找离了婚的女人？"

"我骗她说我在研究所里实习，她问我有没有不错的女孩，我就把你给说了。"

"我不错？真的吗？"许苑还挺高兴，没听出这话题原本是奔着找对象去的。

"当然了，你又温柔又聪明，又能干，还会对别人好，你对孩子也特别好。"

"真的？真的？"自从许苑进入"幼儿园"，发生了那么多事。离婚后，前夫也来到"幼儿园"，一点一点地改变对待孩子的方式，她这还是第一次听到有人明明白白地夸她对孩子特别好。她感动得有点想哭。

"哇，原来夸你你会这么高兴。"王晓杰说，"可是我妈听完我夸你，就觉得你不三不四，认为我来这里是被你勾引的，所以想来抓你。"

"勾引？阿姨还以为咱们俩在谈恋爱吗？"

"她是这么以为的。其实我也想过，如果你能当我女朋友，咱们一定会过得很开心。"

人生的第一次表白，王晓杰毫不犹豫地说出口，又放松又随意，就像一个玩游戏的建议。许苑听了哈哈直笑："那可不行，咱们不是朋友嘛。"

王晓杰听她这样说，突然有一种醍醐灌顶的感觉。

他虽然不知道爱是什么模样，但他此刻心里却很清楚：对许苑的喜爱，跟爱情没有关系。她只是他珍贵的朋友罢了。

"我就怕她找你闹，因为她觉得你是我的坏朋友。"王晓杰真诚地说。

"没事，我不怕。我陪你在这里等着。"

等了好一阵子，蒋园长打开门对王晓杰说："进来跟妈妈谈谈吧。"

看到王晓杰关上房门，他妈妈脖子立刻变得紧绷，眼眶却通红。王晓杰知道，现在只剩下他们俩了。妈妈不再表演，这是她真实的模样。

"从前有一个妈妈，她溺爱自己的孩子。孩子小时候偷针线她不管，长大了偷了钱财，要被处死。他说妈妈你再抱抱我吧，就在拥抱的时候一口就把妈妈的肉咬下来一大块。你知道为什么吗？"

"这个故事，我听了得有一千遍了，妈妈。"王晓杰冷静地说。

"你小时候，如果我由着你玩，随便宠你，你现在就一事无成，一定会埋怨我。我严格要求，才把你送进清华，你应该感激我。王晓杰，你应该感激我！！"

"我不想感激你，妈妈。"他轻声说，"我只想爱你。"

王晓杰的妈妈愣住了。

"我想从你那里学会爱，我想看到你拥抱我，接纳我。也想看到你爱我的朋友，爱我的爸爸。这样我也能学会爱别人，爱一个心爱的女孩，爱我们的家，爱你。"

王晓杰的妈妈脖子软了下来，她呆呆地看着眼前这个平静的儿子——那天他激动又生气地控诉了那么多，她一点也不服。可现在他这样轻声细语的说着的话，她却仿佛听进去了。

"妈妈，你知道吗？我说你不接纳我，其实你也从来没有接纳过你自己。你觉得自己不够好，所以你为了让我变得更好、更成功，对我做的一切都只是在表演和扣帽子。我尿了裤子，给你添了麻烦，你大可以告诉我你很累。可你却对我说我是一个无能的孩子，不争气，没本事。表姐告诉你，我的心理出现了问题，你对我的教育是错的，其实你心里很害怕吧？觉得害怕是没关系的，做错了也没关系。就像现在，你大可以告诉我：我离开了家，你会想我，担心我究竟在外面遇到了什么样的人，而不是讽刺我被带坏，没良心。"

王晓杰的妈妈怔怔地看着儿子在问："我离开家两天了，你想我吗，妈妈？"

她终于落下了眼泪。是真实的心酸，真实的眼泪，也是真实的委屈。她第一次听到有人对她说觉得害怕没关系，做错了事也没关系，而这话却是从被她打骂、从不体谅、没有夸奖过一次，更不要说什么没关系的儿子口中说出来的。

她突然觉得，伴随了自己太多年的焦虑和不安，有了一个安放的位置。

"你这孩子。"她嗔怪地盯着坐在对面、高高大大，强忍着眼泪的孩子，看到他颤抖着望着自己。她第一次看到了孩子眼中的恐惧。自己平时说了什么，让孩子这么害怕？

她擦了一下眼泪，把种种难听的话、责怪的话都咽了下去。她说："妈妈这两天很想你。"

控制欲和打压欲并不来自爱，而是来自他人的不安全感。遭受过度控制时，往往会被冠以爱的名义，明明是自己受到伤害却又感到自责。区分爱与控制，不要自责。

对自己说：

_____

_____

_____

_____

_____

_____

_____

_____

_____

_____

_____

_____

_____

_____

蔡军 | 我是我身体的主人

蔡军其实是个长得很英俊的男人。但他太沉默，往人堆里一扎，几乎注意不到他。就像他老婆经常骂的那样："瞅你那尿样！八竿子打不出一个屁！"

每天吃完饭刷碗的时间都是蔡军最煎熬的时光。他总是花很长的时间慢慢擦洗每个碗盘，盼望时间能过得再慢一点。

对于"交公粮"这件事，他的妻子已经不满太多年。只要一提到这里，说出来的话就刻毒得不堪入耳。更何况，今天晚饭时，妻子又提起自己在单位受到了不可忍受的羞辱："我说我们不是要不上孩子，我们这叫丁克，酷着呢！你知道我为什么这么说吗？我这是给你留面子，你呢？给脸要脸吗？"慢慢洗着碗，妻子又在外面骂起来："你是洗碗呢还是绣花呢？洗个碗磨磨唧唧，磨磨唧唧，公鸡都快叫唤喽！"

蔡军洗完碗，马上被疯狂地赶着去洗澡。洗完澡，钻进被窝，他知道今天是逃不过了。洗完澡的妻子不浪费时间，直接爬到蔡军身上。还没擦干的皮肤的触感使他泛起一阵严重的恶心，他不由自主地想把妻子推开。

"你再推一个试试？"妻子怒极，一巴掌打在他的头上，"什么什么都不行，你还配叫个人吗？"

蔡军浑身发冷，费了好大力气才成事。事毕，她平躺着，想要蔡军的种子种进她的肚子里，嘴里还在说："我真是太心善了，我人太好了。换了别的媳妇，真能给你生出儿子来，你敢信是你自己的儿子吗？尿包！"

蔡军被这样骂，从不还口。妻子说得也没有错，像他这样懦弱、无能的男人，她愿意嫁给他已经是给了他天大的面子。

第二天早晨去上班时，他听到同事们正在热火朝天地讨论网上的一个新闻。

"有一个女的跑到警察局去报案，说她老公强奸她。你们说是不是有病？"

"两口子吵架，动不动就闹到警察局去，当警察都闲的啊？"

"婚都结了，干那事还叫强奸吗？依我看这女的就是矫情。"

"要说家暴，咱都听说过。强奸算怎么回事？"

蔡军在公司很少出声。但今天，他突然说："我觉得那女的挺可怜的。"

同事们都愣愣地看着他，就像看到一匹马突然开口说话似的。

"蔡总这是有切身体会？"说话的这个男同事，长得最强壮，嘴巴最毒。另一个女同事说："我看小蔡长得确实不错，是不是被人看错了当成女的了？"

同事们嘻嘻哈哈地开着玩笑，谁也没有把自己说过的话当真。

蔡军却感受到巨大的痛苦。虽然这痛苦已经持续了太多年，他早该麻木，但是今天却像被揭了疮疤似的剧痛起来。

这时，他又接到了他妈妈的电话。

"你爸六十大寿，你也不回来？"

"嗯，工作忙，请不了假。"蔡军拿出千篇一律的借口来搪塞。

"真是白把你养这么大，今天你孙伯伯、王伯伯还都问呢，说蔡军怎么一点也不顾念父母？"

听到这句话，蔡军的身体不可自控地抖了起来。他一句话也不想跟妈妈说了，连忙说："开会了，回头再说。"

他也不算撒谎，部门确实开会了，要介绍新来的销售总监。谁知蔡军打眼一看，竟然是老熟人。

"哟，蔡军！"老熟人见了他，主动热情地打起了招呼。

新总监是蔡军的发小，叫张文。张文的父母跟蔡军的父母是同一个厂子的工人，从小俩人都是一个大院里长大的。张文的父母年轻时跑厂建，张文吃百家饭，还在蔡军家里蹭过好久的饭。

对蔡军来说，来自老家的任何人都带着痛苦的回忆，倒是唯有张文是个例外。没别的，张文从来没有欺负过他，因为在他家蹭过饭，还一直把他当哥们儿。

下班后蔡军给妻子打电话，说老朋友重逢，一起去喝场酒——总算有了借口，蔡军当然也乐得不回家。不知为什么，席间蔡军觉得张文有点不一样了。他变得更开朗，也更温和。聊一聊才知道，他过得也不算好，先离婚，后裁员，现在是孤孤单单一个人。

"我前妻许苑，你记得吗？因为她的关系我去了一个心理治疗机构，才发现，咱们男人其实也特需要心理上的安慰。老死撑着，撑出大问题了，自己都意识不到。"

张文对蔡军的生活一无所知，但这番话却说进了蔡军的心坎儿里。张文说："我自己觉得倍儿痛苦，原来只会胡乱瞎搞，其实只要觉得痛苦时就是需要帮助的时候了。"

他已经痛苦极了，快要支撑不住了。蔡军心里想。但他的痛苦从未对任何人说出口过，更不要提很久不联系，又是老乡的张文了。

第二天上班时，他根据张文说的"成人幼儿园"上网去搜索，翻了半天才翻出一条联系方式。下班后开车回家，他像往常一样停在车库抽烟。这是他每天唯一能安静独处的时光。他掏出手机，打电话给"成人幼儿园"的蒋红安园长。

　　"我……我想去您那里，行吗？"不善言辞的蔡军不知如何诉说，只能没头没尾地说这样一句。

　　"欢迎你，任何时候都可以。"蒋红安园长的声音像温柔的手，使蔡军感受到了奇异的舒服。

　　说服自己花了几天时间，请假又花了几天时间，等到他真的到蒋园长那里去报到时，已经半个月过去了。蒋园长却像没有这回事一样，平静温和地接纳了他。

　　"我……已婚，没有孩子，压力挺大。"他吭吭哧哧地自述。

　　"这种压力让你心里很难受吧？"蒋园长问他。

　　"嗯。我不愿意跟我妻子过夫妻生活。"

　　"那……如果你不愿意说，没关系，你不愿意过夫妻生活，你妻子是怎么做的呢？"

　　"她压力也大，也想要孩子，所以有时候就挺粗暴的。"

　　说到这里蔡军笑了起来。这样的事任谁听来都是一个笑话，但对蒋园长来说，信息已经足够了。她没有笑，坚定地望着蔡军的眼睛说："我欢迎你来我们这里，如果你不想来，我还要反复劝你。你的任务就是：我的身体属于我自己，请你们尊重我。"

蔡军进入了"成人幼儿园"。他心里很忐忑。张文的前妻也在这里，会不会把他的事情告诉张文？他观察到在这里的人状态都很有意思，像小孩似的。他们拉着手，有时候拥抱，这些让蔡军觉得害怕。一进入教室他一眼就认出了许苑。因为害怕人，他反而从来不会忘记任何人的模样。可她却好像根本没认出他。也是，他不过是他们婚礼上那么多客人中的一个罢了。蒋园长组织大家一起做游戏的时候，蔡军浑身的冷汗都出来了。他开始后悔，这么多年都忍下来了，为什么不继续忍着，非要来什么"成人幼儿园"。

奇怪的是，张文那个前妻却看出了他的紧张。

"你可以不参加的。"她指了指角落里的一个女孩，"你看她，从来都不参加活动，没关系的。"

"真的？"蔡军紧张地坐在角落看着大家开心地笑着做游戏，生怕有人会用批判的眼神来看他。可半个小时后游戏结束了，没有人特别关注他。

他稍稍放松下来。不久后，有个男人来找他，说想跟他一起玩。

蔡军突然想到在自己小的时候——"那件事"发生之前——也曾经有过一起玩的朋友。很单纯，很快乐。"那件事"之后，他变了，朋友们也变了。这个男人跟他一起玩时单纯又快乐，仿佛使蔡军回到了小时候无忧无虑的时光。可放松的时间没过多久，突然，一只柔软温暖的手拉住了他的手。

"我可以加入你们吗？"说话的是一个甜美的女孩子的声音。蔡军的心立刻狂跳起来——这绝不是一种愉快的感觉——他大力地甩开了对方的手，把那个软软的身子一把推开，吼叫道："别碰我！！"

可能是因为刚才的状态太放松了，像这样直接反抗，对蔡军来说也是头一回。可态度未免太激烈，女孩被他推倒在地上，哭了起来。

"你干什么这么凶？！"跟他一起玩的男人不理解地质问他。

"干你屁事！！！"蔡军面红耳赤地吼着。

来"成人幼儿园"的第一天，还没到放学时间，蔡军落荒而逃。他强忍着的眼泪在电梯里忍不住了，滚滚而下。"果然还是不行。"不光自己没有希望，还"欺负"了别人，这让蔡军感受到了强烈的自责和挫败，更糟糕的是，他刚冲出楼门，蒋园长就追了上来。

"你等等。"她喊——却没有动手去拉他。

"蒋园长，对不起，我对别人吼叫了。"他在她面前就像做错事的小孩子，在楼下人来人往的地方用胳膊肘捂住眼睛痛哭起来。

"别难过，"蒋园长说，"刚才我都听到了。你做得非常好。"

什么？蔡军不相信自己的耳朵。透过迷蒙的泪眼，他看到蒋园长欣喜地笑着说："你走出第一步了，真棒！"

"我……我嚷嚷，还推了别人。"

"没关系的，"蒋园长说，"没关系的。"她轻轻地重复着这句话，使蔡军愈演愈烈地痛哭着。他从她的肢体语言看出，她很想给他一个拥抱，蔡军此刻却觉得他还真是需要这样一个拥抱。他不顾一切地投入了蒋园长怀中。这个拥抱使他想起"那件事"发生之前，他从老师和母亲那里获得的毫无芥蒂的拥抱，是温暖的，治愈的。

蔡军第一天没能回到教室里，他在车里哭了个够才回家。这一天他妻子加班回来得很晚，也没提"生孩子"的事，让他松了一口气。第二天，他又鼓起勇气回到"幼儿园"，找到昨天被推的女孩说："昨天真对不起。"

女孩说："我也很对不起，我没经过你允许就拉了你的手。"

"我也很对不起，我也朝你吼了。"一起玩的男人也凑过来说，"咱们还能一起玩吗？"

蔡军没想到事情这样简单就过去了。大家的态度都在告诉他：事情已经过去了，真的没关系。他也终于又投入到了忘乎所以的游戏中。

但离开"幼儿园"，一切还在继续。第二天他回到家时，他妻子又开始了。

"我听老刘说你请假了？你干什么去了？"她叉着腰，咄咄逼人。

"有点私事，我得去办办。"蔡军嗫嚅着。

"什么私事？！"

"没什么要紧的……"他端着饭碗，试图躲到厨房里去洗碗。

"呵呵，"她冷笑起来，"要不是你没那本事，我还真以为你出轨了呢。"

以往，蔡军听到这话甚至还要松一口气——这毕竟是讨论告一段落的标志。今天他一边刷碗一边觉得忍不住，刷了一半就跑出了厨房，对着正在看电视的妻子说："我想跟你谈谈。"

"谈啥？"她嗑着瓜子，嘲讽地问。

"我……我需要你的尊重。"蔡军脸又红了。

"我一向尊重别人。"他妻子说话声音底气很足，经常使蔡军感到震耳欲聋，"但是对方也得算是个人吧？你生来带把儿是个男人吧，挣钱挣钱不行，床上床上不行，都不是个男人了，也就不是个人了吧？我凭啥尊重你？！"

"你……"你伤害了我，也没有尊重过我的意愿。这些话蔡军在心里准备好了，可面对妻子这样的态度，他觉得又说不出来了。

"哟！"她挺起身子，"不会是要哭吧？就我在这儿养家糊口累一天，回家还得哄小娘们儿，我怎么不长把儿呢？"

"你别这样说……"在这样的语言暴力下，蔡军还真哭不出来。他强烈地想谈谈的情绪也没有了，只剩了绝望，"算了。我洗碗去。"

"你真不是个男人你！"她对着他无力的背影跺脚骂起来，"换了别人，早急了，你就算打我一顿都算有本事！我真瞧不起你！"

蔡军想用水声掩盖妻子的骂声，可实在掩盖不住。"还让我尊重你？是人吗？你是人吗？！"

他想，自己如此懦弱，逃避现实，哪怕是慈爱的蒋园长也说不出一句真棒了吧。所做的一切努力都是白费，他又不想去"幼儿园"了，不如回去上班吧。可第二天早晨起来，他被"幼儿园"放松的氛围吸引着，还是回到了那个教室里。

今天有主题课，讲的是"我和我的身体"。

蒋园长把这些人都当成真正的幼儿，仔细地讲着人类的器官，当然不只是生殖器官，还有鼻子、眼睛、四肢、大脑。可蔡军面对那些图片，却非常不自在。都是大人了，谁还不知道这些？可每个人都认真地听着，认真地讨论。

"我讨厌别人碰我的头。"一个女孩说，"我长得特别矮，老有人摸我头，真讨厌！"

"我讨厌别人推我，尤其是在地铁上。"另一个人说。

"我讨厌别人碰我任何地方。"不知怎的，蔡军脱口而出。每个人都安静下来，等着他说下去，"我讨厌看到这些图片，讨厌听什么生殖系统，讨厌生孩子，讨厌睡觉。"大概是因为大家都很包容，在这样放松的地方，蔡军特别容易落泪。"我讨厌我老婆，难道不喜欢干那件生孩子的事就不算是个人了吗？我恨孙伯伯，他那么爱干那件事，他才不是个人！"蔡军的头脑一片空白，但还是接连不断地说着，"他趁我去他家找孙小童玩的时候，把我拖到里屋去猥亵，第一次的时候我才九岁！什么也不懂，可是太疼了，太疼了！为什么要伤害我?！我对我爸说的时候，他为什么要打我？为什么说我从小不学好？为什么还跟孙伯伯称兄道弟?！我恨他们，我恨他们!！！"

蔡军失控地哭着、哭着，却突然陷入了迷茫。自己这是怎么了？这件事已经隐藏在心里这么多年了，怎么可能这样脱口而出？难道他不怕被骂不正经了吗？不怕被指责妄想症了吗？难道他好不容易身处这些温暖的人之间，却又要失去他们了吗？回过神来，蔡军发现，教室里很多"小朋友"也同情地哭了。蒋园长蹲在他面前，温柔地说："谢谢你把这些说出来。"

"你什么也没做错！"

"你老婆太过分了！"

"小朋友们"七嘴八舌地说。蔡军发现大家都对他更和善友爱了，谁都想跟他一起玩。还有几个"小朋友"，放学后加了他的微信。"咱们永远都是好朋友。"他们对他说。

原来如此啊，蔡军想。是他们先给了他一股力量，就像"你可以说的，我们能理解，我们能接纳"。而他已经等了太久、忍了太久，一直在期盼着能有人倾听他、接纳他啊。蔡军又哭了起来，哭得又委屈又喜悦。

这一天蔡军回到家时，感到自己的内心被洗过一样轻松和干净。从没说出过的秘密终于说出来了，被相信了，被理解了，被接纳了。但他也知道，这轻松的感觉只是一时的。事情还远远没有解决。

他妻子回家时，穿了一件很漂亮的连衣裙。早些年她刻意打扮总让蔡军紧张，这些年，她早就把打扮换作了羞辱。蔡军很擅长观察人，他立刻发现了今天妻子特别漂亮。

"漂亮吧？"她笑得很明媚。

"漂亮，这衣服很适合你。"蔡军真诚地夸奖道。

"哈哈，你觉得漂亮，别人也觉得漂亮。今天有个大哥问我什么时候离婚，说他到时候绝对要追到我。"

蔡军知道这句话是人身攻击的开始。但他就是不知究竟该如何回应她才会满意。她又得意扬扬地说："我说，等什么离婚啊，反正现在我就跟单身差不多，还不如就先谈着呢。你说呢蔡军？"

她漂亮地笑着，眼神里却全是鄙夷和讥讽。

"不用，咱们离婚就是了。"蔡军说。

蔡军和他妻子，适婚年龄一见钟情。他爱上她的高挑美丽，她也爱上他的俊俏。蔡军即使现在快四十岁了，乍一看也像一个花一样的美少年。他白皙、俊朗、温柔，讽刺地说——是男女都爱的那种可爱的容貌。婚后，他妻子很快发现他的冷淡，他的冥顽不灵，勾引也勾引过，哀求也哀求过，哭闹更别提了。随着催他们要个孩子的声音越来越急促，她终于开始了对他无尽的羞辱。仿佛羞辱他、殴打他、强迫他，才能抚平一点点她心里的创伤。

蔡军知道妻子有她的需求，也有她的压力。但他没想到的是，她对他原来还有很深的感情。听到他冷酷无情地提出离婚，她崩溃了。这个个子跟蔡军一样高、像运动员一样健美，从未有机会在丈夫面前示弱的女人，哭成了一个孩子。

"你为什么这样对我？你就这样不要我了？你忘了咱们过去有多好，你说我就像歌里唱的太阳，蔡军，你都忘了吗？"

蔡军不知怎样安慰她。她扑进他怀里，他僵硬地环着她的身子。手臂的冷硬她一定感受到了，她哭诉着："我对你太凶了，那都是因为爱你！要不是因为爱你，我为什么不离婚，为什么不干脆随便找个男人出轨？我爱你，别不要我！"

想着把心里话说出口，竟然还能面对比无尽的羞辱更难的情况。蔡军又想放弃，但他却想起了今天在"幼儿园"里，大家给他的支持。

"小妹，你听我说。"不知多少年没有这样叫过她了，"我真的没办法跟你同房。"

　　她抬起头来惊慌地说："你怎么了？生病了？没事，我带你去看医生，现在科技这么发达，能治好！"

　　"不，不……"蔡军尴尬地解释着，"这是心理问题，你不是问我最近请假去做什么吗，就是去做心理治疗的。"

　　"心理问题？你有什么心理问题？别听他们胡说，都是骗钱的……"

　　"我不能跟你说，心里接受不了，但希望你能理解：我小时候受过心理创伤，所以现在每一次同房都非常痛苦。"

　　"小时候的事谁还记得啊，你不要想了不就完了吗？你不是神经病，别跟疯子学，还去做什么心理治疗啊！"

　　"小妹……你没经历过所以不明白，但这事根本不是能不去想的……"

　　"好，那你说说，你究竟受过什么创伤？早恋了？这事你怎么没跟我说过？"

　　"不是早恋，我说了这事情我不想说。"

　　"为什么不想说？你是不是对不起我了？你现在就是为了别

的女的要跟我离婚是不是？”这是扯到哪里去了，妻子只能想象到这里了。她真的能理解吗？蔡军觉得自己又快要缴械投降了。但他拼命耐着性子撑着说："真的不是早恋……也不是什么女人。"

"不是女人？"

蔡军长长地叹了一口气。他想，妻子是跟他生活在一起这么多年的最亲密的人，无论未来结果如何，他都得对得起她，给她一个解释。横下一条心，蔡军开口了："我小学的时候被我爸的朋友孙伯伯猥亵过很多次。"

他说出口了，她怔怔地看着他，久久说不出话来。这几分钟，使蔡军坐立难安。她开口："原来你是同性恋？"

蔡军从未想过被伤害的事实还能被误解成这样，他终于勃然大怒："我是被迫的！！！你凭什么说我是同性恋？！他强迫我，威胁我，我反抗他就要说出去，我的身体受了很大的伤害，就跟你一样！！就跟你强迫我的时候一样！！！所以我不光不愿意跟你同房，连看见你都害怕！！！行了吗？！满意了吗？！"

蔡军不知道这一夜是怎么过来的。本想好好跟妻子谈谈，也把自己最痛苦的秘密告诉了她，最后却落到撕破脸的结局。蔡军在客房里反锁了房门，只想自己待一会儿，他妻子却在外

115

面大声哭喊，说蔡军没良心，是个同性恋、变态。蔡军听着她的那些话，觉得对她最后的期望和同情都没有了。他只想远远躲开这一切，甚至远远地逃离这个世界。他缩在被窝里紧紧地裹住脑袋，在激烈的情绪中无法入睡。夜深了，突然之间有个声音闯进了他的脑海。

"你很棒。你做出了反抗，表达了自己。"

蔡军急促的呼吸骤然平稳下来。今天的整场对话是多么艰难，他却没有一次像从前一样逃避。"你做得很好，蔡军。"

在这样的想法的鼓励下，蔡军做出了一个更大的决定。

第二天早晨，他看到妻子黑着眼圈、红着眼眶坐在客厅里。在她又开口伤害他之前，蔡军抢先说："今天是我爸的六十大寿。你跟我一起回去一趟吧。"蔡军冷冷地说，"带你见见我孙伯伯。"

蔡军的父母都已经退休了，还住在工作了一辈子的厂区大院里，还跟相处了一辈子的老朋友们混在一起。蔡爸爸的六十大寿是老兄弟姐妹们相聚庆祝的借口，蔡妈妈为了请客，已经忙活半天了。

"妈，您先休息会儿，爸，您也坐下，我有事情想对你们说。"蔡军已经很久没有回过家了。他今天回来只有一个目的，所以并不躲避，直入主题。

"怎么了？你这孩子别吓唬我！"蔡妈妈一边擦手，一边拉住蔡军的胳膊。两口子都面色苍白，一看就知道不对劲。

四个人围坐在茶几前，蔡军直截了当地开口说："爸爸，您记不记得我小时候跟您说过，孙伯伯对我做过不好的事情？"

蔡军以为爸爸听他旧事重提会勃然大怒，但他却一脸茫然。原来他当时的诉说，蔡爸爸根本没往心里去，完完全全地忘记了。

"我上小学三年级的时候，孙伯伯开始猥亵我。除了伤害我的下身之外，为了让我屈服，他还掐了我的脖子和腿。每次发生这件事后，我都会流血不止。我自己去过一次医院，后来也不再去了，只能等几天，让伤口愈合。"

蔡妈妈的脸立刻变得煞白。她慌乱地去扯自己的老伴。"这事你知道？"

蔡爸爸也很慌，他没想到儿子会说出这样的事来。"我当时对爸爸说过，但爸爸显然已经忘了。当时爸爸说我不正经，不识好歹，孙伯伯疼我才跟我玩的，能有什么事。所以在那之后又发生过许多次，我不再跟你们说了。"

蔡妈妈哭了起来："我早就说老孙不是个正经人，你还天天跟他混在一起！！"

蔡爸爸受到这两方的指责，恼羞成怒："我说错什么了？要不是你不正经，谁会欺负你？他怎么不欺负别人？"

可能是昨夜被污蔑是"同性恋"的屈辱给蔡军打了预防针，爸爸现在又这样说，蔡军并没有被痛苦击倒。他冷冷地说："他选择我。第一，因为我长得漂亮。第二，因为我软弱好欺负。第三，因为他知道我的爸爸不会给我撑腰。"

"你……你的意思是，这事都怪我？"

"怎么不怪你！"蔡妈妈哭喊着，"你老说什么小军是儿子，不能惯他臭毛病，儿子不是人吗？儿子就不会被人欺负了，你当老子的就能啥也不管了？"妈妈推打着老伴，咬牙切齿地哭道："我昨天还给老孙家送了螃蟹，畜生！！！你们都是畜生！！！"

"所以，"蔡军继续说道，"我留下了心理创伤，没办法跟我太太正常同房。你们催着我要孩子我们要不上，这是主要的原因。我已经对她提出离婚了，让她趁着健康年轻再去找个正常的男人改嫁吧。"

坐在身边的他妻子也掩面哭了起来。蔡军无暇顾及她想了什么，但她悄悄握住了他的手。这轻轻的一握包含着理解和安慰，蔡军竟然没有抗拒。

"我今天回来，是为了跟孙伯伯把这个账算清楚。我知道他是您的好兄弟，"蔡军冷淡地对爸爸说，"我也不关心您二位以后还会不会是好兄弟。事情发生在我和他之间，我先打声招呼，很抱歉，有可能要把您的六十寿宴搅和了。"

这时，有人按门铃，客人们陆续地来了。蔡妈妈眼眶还红着，老朋友们问她怎么了，蔡妈妈挤出笑容来说没事没事。蔡军和他妻子像两尊佛像似的僵硬在沙发上，直到老孙和他妻子一起来了。

自从离开老家，蔡军自然没再见过这个人。在太痛苦的回忆中，他甚至想不起这个人究竟长什么样子。今天见到，发现他看起来实在是个再普通不过的人，仪态中还带着爽朗和慈爱——就像每一个这样年纪的老头儿一样。

他看到蔡军，愣了一下，接着马上笑逐颜开："哟！今天小军来啦？好久不见，长得还是这么俊啊。"他笑容满面地直冲着蔡军过来，蔡军浑身紧绷，进入战备状态。没想到蔡妈妈一个箭步冲了上去，狠狠地把老孙推开。

"你离我儿子远一点！！"

所有客人都呆住了，蔡妈妈兀自像一头护犊子的母兽一般对老孙吼叫道："你干的事情我们都知道了，以后我们家再也不欢迎你！老蔡要是还跟你交好，我连他一起赶出去！！"

旁边不明真相的阿姨来拉蔡妈妈。"这是怎么了？有话好好说。"

"你们听好了，自己的小孙子小孙女，都护好了，别让这头畜生伤了身子又伤了心。"

话说到这里，不明白的也听明白了。老孙面红耳赤，但他既然干得出那样的事，当然也不是普通的人。他竟然哈哈大笑起来。"你们这是听见什么风言风语了？误会，误会！小军，你是不是把你小时候在我们家玩捉迷藏的事记错了？"他一边说，一边摆出无辜又大度的姿态来向蔡爸爸求助。蔡爸爸却没有回应他，他缩在一旁，低着头像一根干枯的萝卜。

得不到帮助，老孙马上说："男孩子小时候野，小军小时候在我们家玩的时候难免有个磕碰，谁没有过啊？老蔡，也是我不好，孩子摔了我也没跟你说，你看现在这成了天大的误会。"

老孙的妻子在旁边帮腔道："小军你也是，从小就不大气！小磕小碰的事情这么多年还记得来算账。你倒是说说，孙伯伯怎么你了？推你了，打你了？你有什么证据？"

所有人都盯着蔡军。他冷静地开口："孙伯伯，你是一个恋童癖，也是同性恋。我不知道除了我你有没有伤害过别的孩子，你犯了罪，伤害了孩子，你应该伏法，但我今天只想告诉你：我不再怕你了。你对我做过的那些事，我永远不会忘记，也不会原谅你。"

"恋童癖？同性恋？"客人中有一位阿姨带来了自己的小孙子，她紧紧地把孩子抓在手中。

"胡说八道！"老孙的妻子吼起来，"你这是污蔑！别以为你还是小孩呢张嘴就来，什么乱七八糟的帽子就往别人身上扣！哦，我们老孙是同性恋，我是他老婆我不知道？！"

"看来你本来就知道啊！"蔡妈妈梗起脖子，"家丑不可外扬是吧？别人家的孩子都不是个玩意儿，只有你自己老头儿是人？"蔡妈妈把她一推老远，老孙马上攥住了蔡妈妈："你还动上手了，少来劲啊！"

一直坐在角落里的蔡爸爸不知什么时候冲了过来。他一手拎着老孙的领子，一手拎着他妻子的领子，把他们俩一路提出大门，推出门外，关门，反锁，一气呵成。他对着大门吼："滚！！！"

好好的寿宴，果不其然被搅和得一团糟。客人们当然也吃不下什么了。礼物放下，一个个都找借口走了。有一位老阿姨红着眼睛来找蔡军，对他说："你记不记得小华？他现在住在疗养院里。这些事情我们都知道，可我们一家子太懦弱，不敢像你这样找那老东西算账。我们对不起小华，也对不起你。"

"别这么说，阿姨。"

"你今天做了这件事，大家都认清了他的嘴脸。小华知道了，一定会很高兴的。"

最后，只剩了各怀心事的一家四口，围坐在丰盛的寿宴前。

蔡爸爸灌了几杯烈酒，突然对蔡军说："儿子，爸爸对不起你。姑娘，我们也对不起你。"

蔡军的妻子说："自从我们俩结婚，咱们四口好久没有这样团圆在一起了。爸，妈，这也是我最后一次这么喊你们了。蔡军想离婚，现在我也同意了。"

蔡军惊讶地看着她。

她动情地望着蔡军："我是个粗人，既不温柔也不体贴。你受了这么多苦，我对你一点也不理解不说，还反复地伤害你。"她热泪盈眶。蔡妈妈拉住她的手说："别这么说。你大好的年华，我们也耽误了你。这些年，你也吃了不少苦。"

"是啊，"蔡军的妻子抹了一把眼泪说，"我也不好过。我敬大家一杯，咱们好聚好散。蔡军，我是真的爱过你，你别再恨我，也别把我忘了。"

蔡军痛苦的、挣扎的半生，终于这样结束了。他回到"成人幼儿园"，跟理解他、支持他的人们共度了一段时间，又辞了职，换了一份快乐些的工作。一段时间后，他听说前妻又结婚了。他看到她朋友圈发来的照片，还是那个明艳泼辣的女人，穿着耀眼的婚纱，这一次她一定会真正地幸福吧！

蔡军也认识了一个女孩。她特别温柔，蔡军对她说什么她都懂。最重要的是，当她拉起蔡军的手时，他一点也不觉得难受。

受到伤害是一种不幸，受到伤害后感受到无力、软弱、选择逃避，都不是自己的错。受伤害的人不该被指责，不该被嘲笑——无论从哪一个方面来说。

对自己说：

_____

_____

_____

_____

_____

_____

_____

_____

_____

_____

_____

_____

_____

_____

高援朝 | 我们是平等的

高援朝今年六十二岁。

两年前老伴病逝，没什么朋友也没什么爱好的老高每天唯一的念想就是要去幼儿园门口接他的小孙子明明。

这一天，他大摇大摆地去了，果不其然见到了站在校门口等孩子的保姆。这保姆是儿媳妇雇来的。老高怎么也理解不了，他身体不错也愿意带孙子，花钱雇保姆算不算有钱烧的？

对自己这个儿媳妇，老高挺不满意的。她性格木讷，不太会说话。老伴说挺好，是一个老实踏实的孩子。既然不机灵也不活泼，人就该听话，可老伴去世之后，儿媳妇做主在外面租了个房子，带着老公儿子一家三口搬出去住了，只剩下高援朝一个人在家里。这还不算，出租屋的钥匙她也百般推诿，也不给老高配一把。老高实在咽不下这口气，每天都借着接孙子的名义，跟着保姆往他们家里钻。

老高背着手气呼呼地等小孙子。突然，他看到幼儿园里走出来一个人，使他眼前一亮。

那女人和他年纪相仿，身段优雅，脸庞白净，一颦一笑知性又温柔，好像周身散发着仙气儿。老高向来不屑于搭理家里的保姆，眼下却凑过去问："那是谁啊？"

保姆答道："那是幼儿园的蒋园长，已经退休了。"

真是气质绝佳！老高心下陶醉。他已经是个鳏夫，个子高、条件好，怎么就不能认识认识这位蒋园长呢？

终于，幼儿园的大门打开了，老高乐呵呵地闪身钻进去，就往蒋园长的跟前凑。

"我是中2班高明明的爷爷，您好您好，幸会幸会！"

那美丽的蒋园长马上握住他的手，热切地说："您就是明明的爷爷呀？是不是姜老师刚才跟您说过了？"

什么？说什么？老高正纳闷，老师领着明明出来了。这孩子人小鬼大，一副玩世不恭的混账德行。"今天明明跟小朋友起冲突，不是什么大事，但明明说了很多不文明的话。这也不是什么严重的问题，这个年龄的孩子很容易这样，但作为家长还是要多注意些，不要给孩子错误的示范和引导。"

老高还沉浸在认识了美丽女人的喜悦中，却没想到遭受如此当头一棒。颜面尽失如何能忍，他揪住小孙子的衣领子骂道："他妈的小兔崽子，谁他妈教你说的脏话？！再说脏话老子抽你！"

谁知那"小兔崽子"指着老高，对蒋园长说："这下您知道我从哪儿学的了吧。"

老高领着小孙子、跟着保姆进了儿子家的门。堂堂一家之主，竟然要跟着保姆才能进门，这让老高特别愤怒，本就气不打一处来，等到儿子下班回了家，儿媳妇还没回来，他就又着腰质问："你怎么先回来了？明明妈呢？"

"她单位忙，一般回来都比较晚。"

"她有什么可忙的？老公、公公都回来了，她还不回来？上回我来，也是这样。还管不管这个家了？我打电话把她叫回来。"

儿子听了吓了一跳。"您别给她打电话了，她的工作需要集中精力！"

"胡闹！"说话间，电话已经打出去了。儿媳妇接起电话，语气中透着疲惫。老高吼道："你怎么还不回家？哪家的女人像你一样不着家的？"

"爸，我这个月都得加班，确实回家比较晚。"

"加班？依我看你就是懒！你知道明明他爸现在干吗呢吗？他在自己洗衣服呢！"

儿子冲过来抢电话，满手都是洗衣粉，自然抢不过，嘴上嚷嚷着："爸您少说几句吧，我洗衣服怎么了？！"

"你听见应该觉得羞愧！一个有妻子的男人，回到家就自己洗衣服，别人知道不笑话你？你再说这明明，他在幼儿园闯祸了，跟别的孩子吵架，这些你知道吗？一个当妈的女人，孩子孩子不管，家里家里不顾，加班、加班，你能挣出几个钱来？"

老高底气十足地训斥着，儿媳妇却久久没有说话。等老高说得告一段落时，她叹了口气说："爸，有同事来找我，我先挂了啊。"

"嘿？！"老高抓着手机，震惊地看着无奈的儿子，"我还没说完呢，她就这么挂了？！"

"我说了让您别给她打电话，她这是尊重您才接电话，如果是我给她打电话，她连接都不接！"

"你屄什么？你媳妇那么凶吗？"

明明站在一边说："我妈可凶啦！"

"别闹，"明明爸爸呵斥他道，"妈妈教育你跟凶是两码事！"

"我一定要跟她好好谈谈。"老高气鼓鼓的，保姆做好了饭，他边吃边骂。没有咸味，蔬菜太生，鸡腿又做得那么多，奢侈浪费，忘记了节俭的家训，简直无处不能挑出毛病来。儿子家的保姆向来都是跟大家在一起吃饭的，老高对此也有意见。明说自然有伤和气，他便把自己的椅子频频往保姆那边挪蹭，挤得保姆快要挨不到桌子了。这位大姐是个明白人，她就客客气气地说："桌子这儿太挤了，我上厨房吃去吧。"

老高旗开得胜，低声说："一点规矩也没有！"

"爸，人家听得见。"

"听得见怎么了，我连话也不能说了？"

"爸，您到底闹什么啊？大姐做菜都是按明明妈的要求做的，怎么吃饭也都是明明妈早定好的，您到底挑谁的理儿呢？"

还用问吗，这傻儿子真是不中用。"不合理，我就得说！这是我的责任！"

"您快吃饭吧，再闹明明都该积食了。"

晚饭吃完，儿媳妇还没回来。老高气得像个河豚快要爆炸时，她才进了门。

忙了一整天的儿媳妇累得脚下直发软，见到小明明才挤出了一个疲倦的笑容。老高却不管那些，掐着自己的手表对着儿媳妇嚷嚷道："几点了？！几点了？！你还知道回来？"

"爸，您就让她歇会儿吧。"

"你歇了吗？你回到家里，又洗衣服又带孩子，她回来了不该你歇会儿？该是谁的活你不知道？"

"爸，您还没走啊？"儿媳妇苍白的脸笑着问老高，"这么晚了，路上该不安全了。一会儿让明明他爸送您回去，您眼神不好，路上别再看不清摔了。"

"怎么了，嫌我说你？一进门就要轰人？怎么，你就盼着我摔呢吧？"

"我不是这个意思，爸。确实挺晚了，您一向休息得早。"

"我知道挺晚了，倒是你不知道！我就是在这里等着你，我就是要告诉你，你这样不成体统！一个家里，男人为天，女人为地，你要尊重丈夫、尊重公公、持家育儿善于驭下才是正道！"儿媳妇被他堵在门口，连坐下歇会儿也不成，但到底是尊重公公，只得尽力撑着。老高说道："我听说你不光不顾家庭，连明明他爸给你打个电话你也不理不睬，有你这样做人妻子的吗？"

"爸，您什么也不懂，您知道明明妈是做什么工作的吗？"

"能是什么了不起的工作？我当年在生产的第一线，什么时候像这样天都黑透了才回家过？"

"爸，我也不是一直这样，您也知道。有时候忙起来，确实没办法。"

"怎么叫没办法？破工作辞了就是了，回家来好好照顾你的丈夫和儿子，我还不信家里少了你这份工资还能过不下去了。"

"爸，走，我送您回去。"儿子已经穿好了大衣、鞋子，又给老高披上外套、扣上帽子，架住他的腋下，直接把他架出了大门。

"明明洗完澡了，你赶紧休息休息。"儿子这样对儿媳妇耳语。

老高自然想在路上好好把他儿子教育一顿。这家凡事他看着都不顺眼，也不知道儿子是怎么当家的。谁知儿子先发制人开口了。

"爸，您以后别再接明明了，也别来我们家了，弄得谁也不高兴。我们定期去看您，咱们保持点距离，距离产生美。"

这算什么话！这是要造反了！老高怒极，直起腰杆子破口大骂："你现在连老子都不赡养了？！那就当我没有你这么个儿子！！"

"哪儿跟哪儿啊……爸，您自己的退休金那么多，我每个月还给您钱，您雇仨阿姨都够了。关键是我们现在是一个小家，自己过着好好的日子，您总来掺和什么呀？"

"你成家了就得跟我分家？我就不是你爸爸了？！我这一辈子苦过来，自己一点甜头也没捞到，又照顾弟弟妹妹，又照顾你跟你妈，现在可倒好，你竟要把老爸爸扫地出门了？！"

这话说完，他儿子恐怕是服了，知道错了，走在一边久久不说话。老高也不说话，留白最有震慑力。他正得意地等着儿子服软，儿子却开口道："明明他妈说得对，您确实应该去看看心理医生了。"

什么？！老高气得血压直飙。他儿子却还在那里说："别的我们都不说了，您一天到晚一肚子无名火，见了哪个都要挑毛病，这样下去对您自己身体伤害最大！"

"我发火难道不是为了你好？"

儿子说："您先听听我的建议，我们俩不认识什么搞心理治疗的朋友，但是听明明他们老师说，如果有家长情绪上问题特别大的话，可以找他们老园长聊聊。老园长姓蒋，已经退休了，发挥余热，经常帮着家长们解决心理问题。"

一听见"蒋"字，老高满腔的怒火神秘地消失了。他心头突然刺痒痒的，不知怎的就觉得舒服。跟那位蒋园长聊聊？还有比这更好的事？可一下子就屈服又显得没面子，老高还是咆哮着："我就非得去聊聊不可！倒要让人家评评理，究竟是我错了，还是你们错了！"

老高做事向来雷厉风行，第二天，他一大早就跑到孩子幼儿园找到了"小蒋"的电话号码，接着就打电话，约见面，一气呵成。老高不明白什么心理不心理，他只觉得自己一肚子话，就想找人说说。与蒋园长两个人在公园里一边散步一边说话，他嘴就没停过，可说出来的，还是那老几样：小时候照顾弟弟妹妹长大了又照顾妻儿，老了老了一家子对他不敬不重不说，还不理不睬。儿子一家男女颠倒，儿媳不顾家，说了两句，竟然把他扫地出门。而"小蒋"也人如其貌，极为"温柔体贴"，除了柔声应两句之外，几乎不说话。老高一顿发泄完了，小蒋说："算算年纪，您跟我差不多大。小时候生活条件一定很苦吧？"

"当然，咱们是一代人，说起来都懂。一大家子九口人，粮票只有那么一点。有一年中秋节，我记得清楚极了：我父亲单位破天荒发了六个猪油月饼。你知道多香吗？五个弟弟妹妹每人一个，还剩一个总该轮到我了吧？嘿！上边还有爷爷呢！"老高想起童年那个喷香扑鼻，他却一口也没尝到的猪油月饼，往事历历在目，满腹委屈，"我有三个弟弟，两个妹妹，爹妈挣钱供不了这么多人读书。我能怎么办？我十三岁就上工啦！别的孩子还跟爸爸妈妈撒娇呢，我呢？当个小徒工，天天在厂房里挨揍。挣了工分挣了票子，回到家全上交。等到有肉有蛋的时候，有我一口吗？没有！全是弟弟妹妹的。为什么？我最大啊！我得让着他们啊！"

"真不公平啊！""小蒋"轻轻叹气道。

"不公平吗？"老高讶异她怎么会这样想。委屈固然是委屈，可这也是天经地义。

"要是再有一次机会让你回到小时候，你还让不让？"

"让！"老高梗着脖子，义薄云天，"我是大哥哥！"

"哈哈，"蒋园长被他这模样逗笑了，"你这人，像小画书里出来的人似的。你知道在我们幼儿园里，我们怎么教育孩子吗？我们说大孩子跟小孩子是一样的，也是平等的。谁先拿到这个玩具，谁就玩，谁先拿到好吃的谁就吃。"

"这不乱套了？一有什么岂不是抢成一团？"

"你小时候要是这样跟你说，你跟弟弟妹妹们恐怕就抢成一团了吧！不过我们幼儿园里还真没这情况！孩子们基本不抢东西。他看见什么好东西就拿来玩，我也想玩怎么办？我就老老实实地等着。"

"这都是你会教育的结果！"

"不，这是平等的结果。你知道为什么他们不着急，不抢东西吗？因为他们心里头没有委屈，也没有火气。"

老高想起儿子说的，他整天一肚子火。

两人走着，看到路边有个奶奶带着小孙子在玩。那小孩手里拿着一列木头火车，在地板上玩得正欢。

"你看看那玩意儿，我小时候特喜欢。"高援朝说，"我父亲用木头削了个火车头给我小弟，我整天就眼巴巴地看着。可是啊，等到现在我们都成了老头子了，也没轮到我玩上一回。"

蒋园长站在旁边贼笑。"来吧老高，我带你去个好地方，火车随便玩。"

高援朝过上了一种奇怪的生活。这里有不工作光玩过家家的男青年，还有见了长辈连头都不抬的女孩子，无论是谁都比他小得多。可"小蒋"反复地说过：这些人都是平等的，在这里都是"小朋友"。既然在见面之前已经有了这样的认知，老高就接纳了"我们都是平等的"这样的论调。

在蒋园长的"成人幼儿园"里，玩具、食物要啥有啥，这

重新长大

136

是老高在童年连想都不敢想的。于是，凡是老高想吃的、想玩的，总能拿到。既然总能拿到，有时别人比他先拿，他便不觉得生气。他虽然年纪大，但也不需要谦让任何人。自从他两岁添了弟弟，这样"不用让着任何人"的"童年"就结束了。一次，老高跟一个"小朋友"因为究竟谁玩火车而起争执，蒋园长跑过来劝架了。她说过，唯一的规矩就是平等，果不其然。虽然老高比那人年长二三十岁，蒋园长还是说："是高援朝先来的，你得等一等！"这么一说，那人竟然还道歉了。老高心想：原来这就是公平！这感觉真是不错，他觉得如沐春风，心头积压的委屈，随着这样一次次的"公平"和"平等"逐渐消散了。

至于"小蒋"，虽不能天天见面，但每每老高心里烦闷不痛快的时候，她总是"陪"他说一阵话。老高愈发觉得自己没有看错人，如果能有这样的女士相伴，再也不会有什么烦心事了。可有时，老高觉得自己在"小蒋"面前不像个有魅力的老大哥，倒像个小孩子。

这样时光过得飞快，他日子过得充实又安心，一恍神，已经好久没上儿子家"捣乱"了。竟是他儿媳妇先按捺不住，主动给他打来了电话。

"爸，您最近好吗？好久没见您了，我就问问您的情况！"

其实老高每天过得挺快乐，但听儿媳妇这么说，却想着：谁知葫芦里卖的什么药！儿媳妇在他心目中，就是一个不合规矩、不合心意的女人。"怎么？你来看看你老公公死了没有？"

"您别这么说，我确实是关心您。前一阵子我太忙了，连个电话也没顾上打给您，确实是我不对。现在忙完了，我们想周末带着明明去您家看看您，行吗？"

老高听了心里又生了闷气。她口口声声说什么"您家"，这不就是摆明了分得清清楚楚吗。可一阵子不见孩子们，老高还是想的。周末时，他一早便买了许多好菜，打算做些好吃的给自己的小孙子吃。既然要"露一手"，何不请"小蒋"也来尝尝？这样想着，他便开口邀请。谁知蒋园长欣然同意："好久没跟明明的爸爸妈妈聊聊了。"

理由虽然奇怪，但人毕竟还是来了。蒋园长时不时就去幼儿园，孩子们见了她都很亲，明明就乐呵呵地扑到她膝下。老高一边在厨房里忙活，一边听着蒋园长跟儿子媳妇谈话，说明明是个好孩子，很要强，也专注，语言表达特别好，他心里头乐滋滋的。

饭菜好了，众人一尝，果然跟家里保姆做的不一样——仿佛打死了卖盐的老头儿，无一不是咸死人。

"你平时也吃这么咸？"蒋园长诧异地问。

"滋味浓，多好吃！"

"咱们岁数不小了，吃这么咸，血压更不好控制了。你不想吃没味道的，不如就多放点葱姜蒜，香着呢！"

"好，好！我下次注意。"

饭后，蒋园长告辞走了。老高陪着小孙子玩时，儿子和儿媳妇在一边窃窃私语，又见老高气色极好，元气满满，跟小孙子玩的时候还义正词严地护着玩具："这火车不能给你玩，这枪给你。"儿子实在憋不住，问道："爸，蒋园长今天怎么会来啊？"

"我邀请人家来的啊。"

"您怎么认识她的？真的跟她谈了？"

"不是你们让我找'小蒋'谈谈心的？"

"是，是我们说的。"儿子挠挠头，十分尴尬。

"那蒋园长经常这样到您家里来？"儿媳妇按捺不住也凑了过来。

老高知道孩子们看出他和"小蒋"关系不一般，心里得意，脸上却佯装愤怒。

"别拿老爸爸开玩笑！"

这模样竟然透着娇嗔，儿子儿媳妇的表情都一言难尽。他儿子说话没那么多顾忌，脱口而出："人家是教育家，高级知识分子，跟咱们不是一个世界的人！您可别以为她对您亲切就是有好感，她对谁都这样！您别一把年纪了失恋，再让我们因为这事操心……"

"没大没小了？不怕我揍你？"老高这才真的变了脸色。

他儿媳妇却坐下来正色地说："爸，今天过来我要跟您说一件事。因为项目需要，单位把我外派到 S 市一段时间。我和明明爸爸商量好了，孩子跟着他，白天上学，晚上阿姨也能帮上忙。我呢，周末和假期只要有空都会回来。"

老高一听就急了："你疯了！明明爸爸正当年的好时候，你还让不让他工作了？本来天天喊着加班加班，现在可倒好，干脆就卷铺盖——跑了！我看你是不想要你这个家了吧？当初你妈说你是个好孩子，我看你妈是瞎了眼！你去吧，我们就当明明没有你这个妈！"

儿子坐在一边啼笑皆非地说："明明有没有这个妈这事您说了能算吗……"

儿媳妇说："我只是跟您说一声，也不是找您商量。我下周就要走了。"

"你……"老高气得不知说什么才好，"你真要抛下孩子？你就不怕别人戳着明明的脊梁骨笑话他？"

明明在一边插嘴说："谁笑话我？为什么要笑话我？"

他儿媳妇微笑着摸了摸明明的脑袋，温和地对老高说："刚才这个情况我也跟蒋园长说过了，也问过蒋园长，我作为妈妈不能每天陪伴孩子会不会给明明带来不好的影响。蒋园长说，比起把能干的妈妈绑在孩子身边，不如让孩子看到妈妈幸福地工作的样子，对孩子来说是榜样，也是力量源泉。您看，我说不让您吃太咸您就不听，蒋园长一说您就听了。在这件事上，您也考虑一下她专业的看法吧。"

本来是高高兴兴给孩子们做饭吃，这回，老高心里却郁闷极了。他反复地想着，怎么都觉得"不像话"，想着儿媳妇进门以来凡事都做得"大逆不道"，又想着所谓"世风日下"，正是如今社会上的歪风邪气才造就了儿媳妇这样的想法。那领导又是什么思想，怎么能把孩子的妈妈升职调派到外地去呢？越想越气时，他却突然想起了自己去世的老伴。他老伴当年在百货商店做售货员，因为工作麻利、服务好，便有机会升任销售经理。做销售经理难免工作忙碌，还有应酬，老高就不同意。既然如此，老伴干脆连工作也辞掉，回到家里相夫教子。想起她平凡又温柔的笑容，老高心头一阵辛酸。反观那位什么高级知识分子、教育家"小蒋"，竟然说什么"妈妈幸福地工作的样子"，实在也是一个不像话的家伙。

老高气了一宿，第二天再去"成人幼儿园"见到蒋园长，便拉着脸。蒋园长不知是不是没看出什么端倪，还热情地邀请他说："我买了一条好鱼，老高你要不要来尝尝？我教你做美味还不咸的菜！"

老高脸上还在生气，心头却很诚实，下午"放学"后，就绷着脸跟着蒋园长回了家。儿媳妇的事她固然做得过分，但毕竟还是那个美丽、优雅又贴心的"小蒋"，待她絮絮唠叨着菜该怎么做才健康美味时，老高已经不怎么生气了。再用筷子一尝，果然极鲜美，使老高胃口大开，真想喝上两盅。蒋园长听了竟很高兴，拿出酒来，两个人推杯换盏，相谈甚欢。

"我呀，结过两次婚，两次都离了。"蒋园长喝得微醺，竟然说起了自己的私事。老高当然竖起耳朵来听着。"要说怎么会离婚两回，原因都一样——我忙着事业，顾不上家。这辈子，一个丈夫也没留住，孩子也没生出一个。老高，你说我为了这幼儿园，究竟值得不值得啊？"

值不值得老高不知道，但他知道这样不对。可他没有妄言，就默默地喝着他的酒。

"昨天明明的妈妈跟我说她要调职到 S 市去，我真为她高兴。现在社会真好，做了妈的女人也能专心追求自己的事业了。

我当年一心扑在幼儿园，真不知道遭受了多少白眼。"蒋园长掰着手指头数着，"我父母亲首先就不理解，他们说送我去做幼师是为了以后嫁得好。两位先生都不理解，说我连回家做饭的日子都屈指可数。学生家长也不理解，说我怎么一把年纪还不要个孩子。我的两任丈夫都是能干的人，养活一个全职太太没什么压力。我的第二任丈夫离开我时对我说：我这么拼命地挣钱，就是为了让太太能回归家庭。可我却觉得很奇怪。为什么做女人就得回归家庭？为什么做男人就得拼命挣钱？"

老高的小酌成了喝闷酒。他不也一样吗？因为不愿意他老伴去做什么销售经理，把一家子老小的养育责任都背在身上。如今他儿子事业平平，儿媳妇却收入颇丰，老高就是理解不了。不合规矩，就是不对，可你若追问他"到底哪里不对"，他却说不出来了。

"小蒋，我们从小就是作为顶天立地的男子汉培养出来的。苦要吃，好东西要让，当然赚钱养家也要干，我说的话，他们也得听。你说，你也好，明明他妈也好，为什么就是不认可呢？"

蒋园长喝得脸颊绯红，她摇摇头说："因为不平等。没有谁生来就该吃苦谦让，也没有谁生来就该听话。"

老高听了，怔住了。自从认识蒋园长，进入了"成人幼儿园"，他每天跟一群毛头小孩子混在一起，已经逐渐接受了自己跟他们都是平等的，没什么区别。可一样的道理放在儿媳妇身上，他怎么又想不明白、摆不正了呢？

他儿子就该赚钱养家，回家就该大字一摊，他儿媳妇就该相夫教子，就该唯唯诺诺。虽然这样的关系在老高的一生中比比皆是，但在"成人幼儿园"里，可从来没有这一套啊。

老高想了一宿，怎么也不明白自己究竟是哪里没有转过来。天蒙蒙亮时，他有了个主意：不妨大伙儿来个家庭座谈会，也别光他一个人在这里别别扭扭。

保姆接明明时又见到老高，不免吓了一跳，毕竟这老头儿已经好久没干这事了。老高今天倒是和善，他对保姆说："明明妈妈要去外地上班了，以后你就辛苦喽。"

保姆笑得僵硬。"不辛苦，这就是我的工作嘛。"

接了孩子回到家，他儿子儿媳妇回来又见到老高，根据经验判断他肯定又是来训话的，不由得都不怎么高兴。没想到这一天老高一句难听的都没说，饭菜不咸也不废话，吃完饭，便正襟危坐开口说："明明妈妈快调职了，咱们今天就坐下来好好开个家庭会议。"

大家都觉得很奇怪，不明白老高到底要干吗。等保姆和明明在内一一坐定，老高便开口道："蒋园长说我对待你们没有用平等的方式。那今天，咱们就一切平等，不分大小。我不是你们的爸爸，也不是明明的爷爷。畅所欲言！"

儿子听了一脸苦相道："爸，您这又是闹哪一出啊。"

"我说真的，"老高挥挥手，"我呢，是个老古董。我父亲教育我，大哥就该礼让，男人就该养家，女人就该顾家。当大哥的时候，我自然礼让你姑姑和叔叔们。你小时候，我也是一力赚钱养家。"儿子点了点头。"现如今，你们家里乱了套了，我看不惯，老是生气。"

他儿子儿媳妇都把脸转到一边，大概心想：果然又来了吧。

"但蒋园长说了，"老高一脸严肃地说，"既然咱们都是平等的，早年间，我就不该让着弟弟妹妹，有一个馍馍大家掰一掰，人人都有才是对的！"

他儿媳妇听了，抬起头来认真地看着老高。他继续说："我想听听你们的心里话，当局者迷，在咱们家里，我琢磨不明白我究竟是哪里错了。"

大伙儿都不说话。

"说呀，说吧，畅所欲言！"

大伙儿还是不说话。

"怎么不说话呀！"老高急得直跺脚。看来他们根本不相信他这是要真心畅谈啊。

"我先说，我先说！"小明明举起手来说，"我觉得，咱们家就是不公平。"说着，他勇敢地环视了一下四周："比如爸爸妈妈不爱吃的菜，阿姨从来都不做，我不爱吃的菜不光做了，我还必须吃！这就叫不公平！"

保姆听了尴尬地笑了起来。

"你这孩子……"明明妈妈揪了一把孩子的耳朵，脸上却笑了，"行，你不爱吃，以后也不逼着你吃了！"

"真的？太好啦！再也不吃西蓝花啦！！"

孩子一搅和，大家都轻松了一点。明明的爸爸便开口道："我觉得咱们家里，除了您之外，还是比较平等的。比如咱家大姐，虽然是请来的保姆，但谁也不把大姐当外人。您从明明上幼儿园就来了，要是没有您，我们两个可应付不来。我们都感谢您，把您当自己家的一分子。"保姆大姐听得笑开了花。"我知道，我知道！"

明明爸爸继续说道："但说到爸，就谈不上平等了。我小时候，您总对我说，我是小孩，必须听您的话。可您又对我说，我是男子汉，必须在外面长面子。打架打疼了您不管，打输了还要挨揍，这算什么道理？再说我妈，您总说您不容易，不容易，谦让我们，养家糊口，我妈也不容易呀。她照顾我、照顾您，又伺候了我爷爷奶奶离世，要不是累得一身病，也不能年纪轻轻就这么走了。我记得奶奶走了以后，我妈好不容易没什么事了，她就想自己去旅游一圈，您说家里没人照顾不行，我妈自己躲着哭了好几回，被我看见了，还让我别告诉您。我随我妈胆子小，确实也没跟您说。但您为什么连旅游都不让我妈去啊？"

没想到儿子竟然提起去世了的老伴，老高听到她过去竟然这么委屈，又想到现如今听到这番话，也无法再弥补什么了，不由得红了眼眶。他说："你妈连个要好的老姐妹都没有，想自己去旅游，那怎么行？有了危险怎么办？被人骗了怎么办？我想着，在家待着最安全，不能让她去。"他的老想法总是这样，我出力，你听话。他相信，如果现在老伴也坐在这里，也能平等地说上几句的话，她恐怕也想出力，她可能也会有很多想做的事，只听自己的，不听老伴的。她老实巴交地放弃了工作，心里一定也不愿意吧。老高眨巴着眼睛，想把老泪憋回去。"是我对不起她。"

"我不是这个意思，爸。"他儿子皱着眉头说，"我怕您伤心，您要是伤心，我也就后悔说这些了。"

老高抬头看着一言不发的儿媳妇说:"说到这里,你肯定也有好多话想说吧?"

他儿媳妇想了片刻,坚定地抬头说:"是,爸。其实我早就想跟您聊聊。您每天接了孩子到我们家来,我都不愿意回家。不是不想陪您说话,也不是不服您教育,只是您话里话外,我总是低人一等。换了谁心里也不会舒服,您说是不是?"

老高红了老脸。他只想着男女有别,却想不到人家会觉得自己"低人一等"。

儿媳妇继续说:"我很喜欢这份工作,这也是我自己拼搏努力才有的成就。"

"而且,她要是丢了工作,我们家还真就撑不下去!"儿子不失时机地插嘴。儿媳妇白了他一眼说:"我知道您除了想要我回归家庭之外,也盼着我能再给您添个孙女,但爸,实在是让您失望了。这我也早跟明明爸商量好了,怀孕、产检,再加上产假,对我的工作影响太大了。职场竞争很激烈,技术日新月异。我再休一个长假就很难东山再起了。现在家里完全周转得过来,所以我不想再放弃任何机会。"

老高听了,看了一眼明明。小孩子成熟地点了点头,表示理解妈妈说的话。

"你们工作都这么难吗,生了孩子休产假不是天经地义的事吗？还能因为这个影响工作？"

"可不，我们单位有个女同事生完孩子被降职，气得直接辞职了。"明明爸爸说。

"我也不知道你是这种境遇，我们原来工作都稳稳当当。"他又问，"你是个女强人？究竟是干什么工作的？"蒋园长是干教育的，这工作他能理解，女强人他也见识过了。儿媳见他真心想了解，便把自己从几年前入职就开始研发、跟盯、推广、壮大的科研项目讲了，老高可以说是一个字也没听懂。原来她是这样的人物，而自己曾经光盯着她不洗衣服不回家，不免觉得自己确实狭隘了些。

他说："你说的我都没听懂，但我也明白了，你就是这么个人。你想干工作，那你就去！为科学事业做贡献，不应该分什么男女！家里我也能帮上忙。你们爷俩也不许再躲着我，我也想跟儿孙在一起。咱们以后啊，就保持这样，畅所欲言，你们说好不好？"

高援朝这辈子都挺霸道，如今突然搞什么人人平等，原以为一家子从此就会其乐融融，殊不知孩子们敞开了话匣子，什么都说，一会儿说老高没知识，一会儿又说老高反应慢，天天把他气得够呛。白天，他总待在"成人幼儿园"里，被孩子们气着了，就找"同学"和蒋园长诉苦。日子久了，他总算领悟了儿子说过的话。"幼儿园同学"调侃他说："你是不是喜欢蒋园长呀？"

老高说："快别胡闹，我可配不上她。"

年龄、辈分、性别，这些本不应该成为人与人之间不平等的原因。长期处在不平等和被迫忍让的环境里产生的委屈与不安全感，会成为心理上的重负。

对自己说：

_____

_____

_____

_____

_____

_____

_____

_____

_____

_____

_____

_____

_____

_____

_____

_____

马莉 ｜ 我不需为别人的情绪负责

马莉是公司的开心果。同事评价她说："就是个长不大的小屁孩！"

作为公司行政部门的员工，每年领导都人尽其才，把各种节庆的活动策划交给她。她的鬼点子多得很，总是能想出许许多多有趣的新花样来。各种团建和聚餐，只要有了她，绝对笑声不断，永远不会冷场。

一天下班后，几个要好的同事说好了要一起去唱歌。马莉当然要去，她正蹦蹦跳跳地往外跑时，却听到别的同事在窃窃私语："听说行政部的李经理要走了，领导已经跟小高谈过了，把她提上去接李经理的班儿。"

马莉只觉得如晴天霹雳。

公司里没有人不喜欢她。当她从前还只是个小前台的时候，每个人从她跟前过，都要跟她说笑几句。正因如此，她很快就从前台转到了办公室里，又很快就从行政专员升到了行政主管。领导也喜欢她，就连开例会时也总要逗逗她。大家都说，照她这个升职的速度，下一任的行政部经理就非她莫属了。

究竟哪里出问题了？难道她忽略了谁的心情，让人家在领导面前吹阴风了？难道她把领导讨好得还不够好，领导心里对她有什么意见？

这天的聚餐，她心不在焉，但脸上还是笑着，人还是活泼爱闹，看不出有什么不一样。可心情烦闷时，人特别容易喝醉。马莉就因此喝得烂醉如泥。

马莉在公司有一位至交好友，这女孩掏出她的手机联系她的男朋友来接她。谁不知道马莉有一位在一起快十年还如胶似漆比初恋还亲昵的男友？可她打开了马莉的手机，却看到马莉的男友小风发来了一条微信："咱们分手吧。"

女孩很为马莉抱不平，等到小风来接马莉的时候，对着小风一顿嚷嚷："我们马莉这么好的姑娘，这么可爱，脾气又这么好，不管碰见什么事连大声都不会，你究竟哪里不满意了？"

小风吃了一惊："真的？你没见过她发火？"

小风和马莉从大学时就在一起了。马莉长得漂亮，人又开朗活泼，稍稍相处就熟了。她就像可爱的小动物，又像古灵精怪的小妖精。跟她在一起时，从来不会烦闷。但小风爱她至深，却不完全是因为这个。真正把一颗赤诚的心全掏给她，是因为他看到了马莉的另一面——那可怜的、无助的、令人心疼得五脏六腑都要抽搐起来的另一面。

可如今他们在一起快十年了。小风知道，除了这样两面，马莉还有第三副模样，而他这会儿才知道，除了他，没有人见过。

马莉每天笑眯眯地下班，一路和气地回到家。她一见到小风就给他一个热烈的拥抱和亲吻。可这样甜蜜的女友，却会在男友言语间"不给她面子"时，当她从他的手机里翻出跟别的女孩子有任何对话时，当他做不到像韩剧里的男主角，甜言蜜语又体贴入微时，忽然变脸，就像恶魔附体一般变成另一个人。她会无所不用其极地咒骂、摔打。他一直包容她，想尽办法来安抚她。有时她说得太难听，言辞间攻击了他的父母，他也很生气。最激烈时，两个人把家里的盘子、碗都打碎了。可和好后，她又挽着男友去买餐具，蹦蹦跳跳，亲密无间，就像一对儿最火热的恋人。

第二天马莉醒来时，小风已经不见了，连家里的个人用品都已经收拾好带走了。他提出分手，什么理由也没有说。马莉死死地攥着手机，心想：果然，果然！不管看得多紧，他一定还是有了新欢。那女人究竟是谁？到底哪里比我更好？可她给小风打了无数电话，发了一条又一条长长的微信，小风不回复一个字，连一点沟通的机会也没有给她。

马莉说不出自己究竟有多痛苦。但怎么办呢？生活还得继续啊。她还像以前一样笑嘻嘻地去工作，可工作上就是错误百出，想说几个笑话来活跃气氛，却不小心戳中了别人的伤心事，弄得同事关系也僵了。

她每天像往常一样跟她妈妈视频。小风已经从家里搬了出去这件事，她不敢告诉妈妈。她在妈妈面前笑得十分欢畅，编造着小小的喜事。可当她妈妈反复催促她把婚期定下来时，她越来越承受不住了。

挂上视频电话，她再也憋不住，哭了起来。她给小风发信息说："你真的不要我了吗？我好痛苦啊，你回来抱抱我行吗？"

她等了很久，小风终于回了信息。

距离分手已经半个月过去了。他说："我想给你看个东西，行吗？"

小风发来了一段监控录下的视频。她并不知道他什么时候偷偷装了这个摄像头。这段视频完整地拍下了他们之间的一次争吵。从频率和强度来说，只是两人日常争吵中非常普通的一次。吵架的起因是小风下班后躺在床上看小猫的视频，他特别喜欢猫。马莉瞥到他的手机屏幕，看到是一只小布偶猫。她说："哎，你表妹家不就是一只布偶吗？"小风说，是呀。

这样简单的两句对话后，马莉变了脸色。她逼问他是不是跟从小一起长大的表妹比自己亲，是不是还想回封建社会干脆跟表妹凑一对儿过日子就好了。小风起初温柔地否认了，还摸了摸马莉的头发，希望她能安静下来。但马莉越吼越疯，把他妈妈平日疼爱他表妹的蛛丝马迹一一列举出来。马莉记得这次争吵，整个过程持续了两个多小时，纠缠不休，绵绵不绝，小风最后终于受不了了，甩门离去。

他发来一条信息说："我爱你，也心疼你，跟最初没什么区别。这个世界上也许我最疼你，我也以为自己能用无尽的爱把你治好。但真的很抱歉，我撑不住了。我自己最近精神状态也不太好了。希望你一切顺利。"

马莉没再回复他，她一直反反复复地看着那段视频。夜越来越深了，她放大来，看着自己的脸，从平静，到愤怒，到疯狂。突然，她把手机远远地扔开，发出了一声尖叫。

她看到了自己发怒时的脸。那张脸太熟悉了，是无数个日日夜夜，反反复复出现在她面前的面孔——她妈妈的面孔。

马莉病了。第二天，她没能起来去上班。这天晚上，她也没接到妈妈打来的视频电话。第二天的深夜，她妈妈拿钥匙打开了她的家门。

马莉今年已经二十九岁了。她妈妈也上了年纪，身体诸多不适，可她把二十九岁的女儿从床上拖下来，一脚接一脚地踹在女儿腰上时，实在老当益壮，仿佛回到了当年年轻又灵活的时光。

马莉的妈妈边打边骂："你现在也学会瞒着我了，我不给人家打电话，竟然不知道你们已经分手了。你都一把年纪了还分手，究竟是干了什么见不得人的事？人家那么好的男孩子，偏

重新长大

158

偏把你给甩了，你究竟是什么烂东西？"

从小到大，每当妈妈这样发怒、暴打时，马莉总是想尽办法去安抚她。她有时笑着，有时哭着，有时绞尽脑汁地说些好听的或是有趣的话。可今天，她第一次什么也没有做，她就像一块木头一样麻木地被踢打着。她妈妈见她毫无反应，便号啕大哭起来，把自己多么疼爱她，又是多么苦，吼叫着诉说起来。听到这里，该哭了。马莉心想。可现在，她却哭不出来，自己爬起来木讷地看着妈妈。

她轻声对她妈妈说："妈妈，我好像病了。"

她妈妈却没有听到，或是假装没有听到，只是不停地哭着，叫着。马莉觉得心脏在剧烈地跳动，使她感到强烈的疼痛。于是，她夺门而出，没有带钱，也没有带手机。她恍惚地在路上走着，不知不觉，竟然走到了小风妈妈家门口。敲了门，小风妈妈披件衣服开了门，这时，马莉才清醒过来。她连连道歉，但小风妈妈却一如既往地温柔。她说："快进来吧，小风在呢。"

已经分了手，她又这样不要脸地在这个时间跑到人家家里。小风把自己的棉家居服披在她的身上，轻声问她怎么了。

"我妈妈来我家了。"她苦笑着说。

"她又打你了？对不起，是我不好。我不应该告诉她咱们分手的事，我以为你跟她说过了呢。"

小风的妈妈让他们好好谈，自己躲回房间。两人相对坐了一阵后，马莉便开口了："我觉得，我得去医院看看。我是不是得了神经病啊？"

"你一直是个坚强勇敢的女孩，"小风安慰道，"我不敢想象如果是我度过了那样的童年现在会变成什么样子，但我听你同事说，你在公司里一直都是很快乐的人。我觉得你很了不起。"

"可是我其实一点也不快乐呀。"马莉轻轻地说。

她那么努力地装快乐讨好大家，为什么升职的机会却落到了别人手里呢？升职的那个人，不苟言笑，说话又直率，不知得罪了多少人啊。马莉曾经也想说好话来讨好她，她却说："不用这样，我知道自己是什么样子。"

她实在想不清楚，精神上也疲倦极了，在小风家里借宿了一夜，第二天，小风说要带她去见一个人。

小风是一个很温柔开朗的人。他说，对他影响最大的人是他小时候的幼儿园老师。她那时给了他很多好的教育，他到现在都经常想起她说过的那些话。

因为父母跟老师私交也好，至今都联系挺密切，他知道老师开办了一个"成人幼儿园"，也许只有那样的老师、那样的地方能救一救这个绝望的女孩吧。可马莉见到蒋园长的时候，她虽然十分可亲，却说："我们这里是可以好好再把童年过一次的地方。"

这句话使马莉感到深深的恐惧。

无论怎样,不管有多痛苦,她都不想再过一次童年了呀。

她匆匆从蒋园长那里逃了出来,接到妈妈的电话。她强压着惊恐接起电话,她妈妈问:"你到哪里去了?是不是去小风那里了?和好了没有?"

马莉说没有和好,她妈妈说:"没和好就好!那样的男人,妈妈早就看不顺眼了。他自己争气又怎么样?连事业编制的稳定工作都没有!分得好,妈妈再给你介绍好男人,你不要难过!"

马莉挂掉了电话,麻木地往家里走。她知道,自己又要回到宛如西西弗斯一样周而复始受难的生活中去了。

马莉的妈妈剧烈地羞辱她、殴打她,又总会突然变了脸色,显得疼爱她、理解她。可从小就这样长大的马莉又怎么会信呢?她知道,妈妈要推翻自己的话,不费吹灰之力。下一次不知因为什么事恼了,妈妈又会冲到她的家里来骂她连一个男人都挽留不住,世界上再也没有比小风更好的男朋友了。

她回到公司，同事们都挺关心她，可神色却显得有些尴尬。别人哪怕是一闪而过的尴尬或不悦马莉都能敏感地捕捉到，可她又弄不清究竟是因为什么事。这让她惴惴不安，更端起几倍的活泼来讨好大家。临下班时，领导把她喊到办公室，说要找她谈谈。

　　"我知道你是个开朗的人，就不跟你藏着掖着了。大家说你病了是因为这次升职我没有提拔你，是这样吗？"

　　马莉忙不迭地否认，说自己只不过是着凉感冒了。领导如释重负地说："你呀，玩心太重。总是跟同事嘻嘻哈哈的，自己的工作做得不太好，每次给你打分，我都没法给你打高分。不过呢，机会还是有的。以后多把心思放在工作上，加油干！"

　　马莉笑着从领导的办公室出来，可天知道，她拼命忍着两腮剧烈的颤抖。原来他一直觉得她不称职，可同事们却说像她这样讨人喜欢，经理职位非她莫属。若不是她们这样说，她也不至于如此失望。

　　同事们都关心地望着她，可一向敏锐的马莉却从那些眼神中读出了虚伪的东西。她觉得她们欺骗了她，现在装作关心，其实是在嘲笑。曾为她出头去找小风算账的女同事拉住她的手说："领导怎么说？"

　　"别装了。"马莉恶狠狠地对她说。

办理辞职，对马莉的妈妈解释，给她争取到了足够的时间来独处，这一切都是小风操办的。他对同事们解释说是因为跟自己分手才使她心情很差，对大家口出恶言。小风对马莉说："这些同事是你很努力结交和维持的，等你病好了，她们还是你的朋友。"小风还说："虽然我不能再继续跟你在一起，但我还是你的朋友，我会帮你把这些处理好。"马莉病虽然病了，心里却很清楚，小风为她做的一切使她感动极了。他说："你愿意再去见见蒋园长吗？"

　　"好，是我对不起你。为了你，我愿意去好好地治疗。"

　　马莉进入了"成人幼儿园"。这里的人虽然各有各的古怪，但每个人都饱含善意。马莉答应了小风要好好的，她也确实努力地做了。来到这里、重返童年，她努力地参加着每一次课程、每一个游戏，尽力跟每个"小朋友"打成一片。她每天欢笑着、嬉闹着，就像她真正的小时候一样——那时，她也是每天努力地嬉闹着，来掩饰自己恐惧和悲哀的心。

　　一天，当她奋力邀请那个总是坐在电脑前面不动窝的女孩跟她一起玩游戏的时候，女孩直勾勾地盯着她问："你在笑什么？"

　　"什么……？"

　　"明明没什么好笑的，你为什么一直笑啊？"

"我这是……在表达友好啊。"

"我不觉得友好，我觉得你非要让我跟你一起玩，而且非要让我跟你一样笑，挺不舒服的。"

马莉怔住了，她惊慌失措地说："对不起，对不起，是我不好！"

那女孩放下手里的活，转过身来认真地看着马莉说："你真的想跟我一起玩吗？"

"当然啊。"

"为什么？"

"大家一起玩，才能好好的，开开心心的啊。"

"不一定，我就坐在这儿不说话，也是开开心心的。你有没有试过，谁也不理，就自己待着？"

"那……那多不好啊？别人该不高兴了！"马莉眼神里满是惊恐。

"别人高不高兴跟你有什么关系？你就试试看，试试别再傻笑了，绷着脸。对。嘴角耷拉下来，眼睛也别眯着。"

马莉听话地耷拉下嘴角。别说，还真挺舒服。

"你看看这里的人，"女孩指着一众忙忙活活的"小朋友"，"你就像我一样，谁也不管。就这么耷拉个脸，谁也不会说你什么。你先这样过一天试试看。"

马莉愣了一会儿，问："那我能跟你坐在一起吗？"

她适应不了一个人谁也不理，便坐在那女孩身边看了一会儿书。可她这桌子又不大舒服，不久后，马莉便挪到了角落的软垫上看书。她战战兢兢、草木皆兵，却发现，真的没有人看她。没有人因为她不活跃、不兴奋而指责她，也没有人因此就忽略她。到了下午，马莉竟然完整地读了半个小时书，这半个小时她完完全全沉浸在书里，读完了才醒过神来。

"感觉怎么样？"女孩问她。

"不知怎么回事，我觉得特别有劲。"

"那是因为你休息了。从来没休息过吧？"

马莉开始学着在"幼儿园"期间，不想笑就不笑，要有什么好笑的事情才笑，每天去找些自己喜欢的事来做。所有的"小朋友"里，她最喜欢的就是这个每天坐在电脑前面的女孩。一天，她问："你每天在这里用电脑写东西，你是作家吗？"

"我是编剧。"

"真的？你都写过什么电视剧啊？说不定还有我看过的呢！"

"是写过几个电视剧。"

"哇，那当编剧一定挣得不少吧？我可真羡慕你。我以前是做行政的，工资可低了。"

女孩扭过头来看着她说："我不想跟你谈论我的工作和我的收入，以后也请你不要再问了。"

马莉感到脸上一阵发烧。她立刻本能地道歉："对不起，对不起，我又让你不舒服了。都是我不好，我总是这么笨，真是什么也做不好！"

女孩却说："你让我不舒服，我告诉了你，我们彼此有个边界就好。可你却又道歉又自苦的，我觉得有点被绑架了。"马莉站起来喊道："笑也不行，道歉也不行，你这个人真是太奇怪了，怪不得谁也不跟你玩，怪不得一个朋友也没有！"

其他人听到马莉的叫声，纷纷围了过来。"我们没有不跟她玩，也是她的朋友啊。"大家对马莉说。

马莉看到大家都在"针对"她，不由得更恼恨起来。她说：

"对，不是她，是我。是我上赶着一个个求着你们跟我玩，是我没朋友！"

"你干吗这么说呢？我们也喜欢你啊，你也是我们的朋友啊！"

"别装了，别装了！！你们在这里装得天真无邪的样子，其实都是形式主义，都是一群假装善良的伪君子！"她几乎是把从前对同事们吼的话又吼了一遍。吼过之后，她醒悟过来："我又来了。我又像我妈妈一样了，我又把眼前的一切都毁了。现在哪里都容不下我了，我这辈子一定是完了。"

马莉与其说是极度伤心，不如说是极度自责。她对自己最后一点希望都没了，她冲出了"幼儿园"。没有工作，没有男友，妈妈那里她当然也不想回去。她浑浑噩噩地走在街上，不小心撞了一个中年男子。那男人破口大骂，说她走路不长眼，她连一个笑脸都没有赔上，瞪了他一眼便继续往前走了。

"精神病院跑出来的吧！"大概是马莉颓然的姿态给了路人这个印象，那男人这样骂了一句就走了。马莉心头无限悲凉。是啊，我不就是个神经病吗？

"你这是要往哪儿跑啊？"她突然听到了这个声音，扭头一看，居然是"幼儿园"那个女孩追了出来。她老坐着也不动弹，这下跑得气喘吁吁。"走得还挺快，累死我了。走走走，跟我回去。"她拉住马莉的袖子，不由分说就把马莉往回拉，"大家都担心你呢，怎么回事，吵了两句就跑？"马莉被她拉着，不知不觉，眼泪把眼前的世界都模糊了。

这天深夜，马莉睡梦中被一双冰凉的手摸上了脸庞。她记得这双手，这是童年时妈妈的手。那时妈妈经常在她枕边这样坐着，抚摸她的脸颊，醒来时，坐在那里的妈妈，或许会温柔地亲吻她，又或许会一巴掌把她打下床来。

马莉惊醒了。黑暗中，她一眼就看出坐在床边的那个黑影是谁。她浑身的冷汗忽地冒了出来，坐起身，下意识地用手护住了自己的身体。

"你这是干什么？难道妈妈还会打你吗？"马莉的妈妈温柔地笑着说，那表情就像她真的没有打过这个女儿一样，"妈妈怎么会舍得真的打你。"

马莉愣了一下。她强作镇定地开口："我记得小风跟您说过，我状态不太好，得自己待一段时间，让您别过来。"

"我才不听那个负心汉、穷光蛋的话。我的女儿有什么问题啊？你从小啊，最快活了。你有我这么好的妈妈，怎么会状态不好呢？"

马莉从被子里坐起来，用被子挡住自己，咽了口唾沫开口说："妈妈，我确实状态不太好，也确实是想自己待一阵子。"

"傻孩子，妈妈知道你长大了，不再是我一天听不到声音都放心不下的宝宝了。我这不是有快一个月没给你打电话了吗？可妈妈心里着急，不知道你自己住在外头，在做什么，在想什么，今天开不开心，妈妈睡不着觉呀。"

她把冰块一样的手伸进马莉的被子里，找到马莉的手握住。"以前妈妈晚上心情不好，总爱到你的房间里看看你。现在因为那个小风说要娶你，你就跟他一起搬出来住，妈妈连看看你睡觉的样子都不行了。这样吧，你们既然分手了，你还是搬回家里住。咱们又能像以前一样开开心心住在一起了。"

马莉借着月光看着她妈妈微笑的表情，但那表情中透露着细微的疯狂，那是妈妈发怒的前兆。这样的信号，她绝不会看错。

"好，妈妈，我明天就搬回家去。"她这样说了，妈妈还是坐着不走。她望着女儿，在期盼着女儿接着说下去。该说的话就像写了程序，马莉的脑子动也不动就能说出来："我最爱您了，妈妈。您来看我，我很高兴，您就跟我一起睡吧！"

可马莉却想起了下午被小朋友拉回了"幼儿园"之后，蒋园长给大家上的课：

"我知道你很生气，但那与我无关。"

她把满满一口气提到胸口，站起身来，披上外套，对她妈妈说："走吧妈妈，我打个车送您回去。这么晚了，要注意安全才行啊。"

"你这是什么意思？"

"走吧，妈妈。"

"你赶我走？你就像那个小风说的一样，被我打怕了，成了疯子？你连亲妈妈都不要了？我一个人含辛茹苦地把你养大，就养成了这样一个白眼狼？"

马莉妈妈的声音已经失了控，变得极尖锐。

"妈妈，我没有变成疯子。"马莉站在客厅里安静地看着妈妈——嘴角垂着，眼睛也不眯着——她没有笑，"生病的人是你。你早就病了，你没法控制自己。"

马莉妈妈抓起手边的闹钟就向马莉丢过来。从小到大，被丢东西时，马莉从不敢躲，如果躲开了，妈妈的怒火是她无法承受的。可今天，她躲开了。妈妈朝她冲过来，她勇敢地握住了妈妈的手腕。盛怒的妈妈力气总是大得惊人，可今天，马莉也拥有极大的力量——这力量是从她太多的痛苦中得来的。

马莉妈妈怔怔地看着马莉坚定的脸，眼泪急速地涌上她的眼眶。"妈妈生你的时候，才十九岁。你爸爸是一个浑蛋，他那样对我，我心里实在是苦啊！妈妈也是第一次做妈妈，太年轻了，不懂事。可我还是一个人把你抚养大了，只不过闹脾气打你两下，难道你连这些都不理解吗？你不是妈妈最懂事的小女儿吗？"

"您不是一个人把我抚养大的。赵爸爸对您好，对我也好。可您对赵爸爸也是这样，三番五次地咬他、打他，闹到警察局，闹到他妈妈那里，即便是这样，赵爸爸也陪伴了咱们十多年。您是病人，妈妈，您也去看一看病吧！"

"你才有病！你跟你爸一样，就是个疯子，浑蛋！"马莉妈妈一脚把桌子踢翻，马莉又拉住了她。"这里是我租的房子，砸坏了我赔不起。我送您回家吧。"

马莉把疯狂的妈妈拉出了房门，在路边打了一辆车。上了车，马莉妈妈便对司机哭道："这么晚了，就因为训了她几句，我的女儿就要把我赶出家门。现在这世道真是变了！"

司机大哥对马莉说："年轻人真是不懂事，怎么也是自己的妈妈，你亲妈还能害了你不成？"

马莉一手按住她妈妈，一手悄悄擦去不听话流下来的眼泪。她说："跟您没有任何关系，请您还是专心开车吧。"

她把妈妈领到家门口，用钥匙打开房门。马莉妈妈像厉鬼一样在一旁阴狠地瞪着她，可马莉装作没有看到的样子。她妈妈进了屋，对她说："你要是敢走出这个房门一步，就没有妈妈了！"

马莉说："晚安，早点睡吧，妈妈。"关上房门时，她听到妈妈在里面吼着："我这就去死！是你逼我去死的！"

她擦了擦眼泪，真想潇洒地转身就走。可她却没有力气迈一步。马莉滑坐在妈妈的大门口，一边听着她在家里发疯一样摔打和咒骂，担心着她到底会不会真的伤害自己，一边埋头哭着。马莉不知不觉睡着了，最后是被急得够呛的赵爸爸叫醒的。

跟自己的生父离婚后，马莉的妈妈改嫁给了这位赵爸爸。赵爸爸对她比许多亲生父亲更好、更亲，但他苦苦熬了十多年，终于还是忍受不了，离开了她们。现在他有自己的家庭了，不知怎么又被叫了过来。

"小莉你怎么睡在这儿啊？可别冻坏了！"他把自己的大衣给马莉披上，"你妈妈给我发信息，说什么永别了。我这个人睡得沉，早晨起来才看见。打电话也不接，这到底是怎么回事啊？"

马莉噌的一下跳起来，用钥匙打开房门，两人一起冲进去，见妈妈躺在床上，双眼紧闭。赵爸爸冲过去试了她脖子上的脉搏，松了口气说："睡着了，没事，没事。"

父女俩——不，现在他们已经是毫无关系的两个人了——如释重负，又筋疲力尽，并肩走在小区里。

"我是个男人，她伤不到我什么，只是苦了你了。你当时还那么小，我经常上着夜班担心你，会不会被她打坏了、骂坏了。"

"赵爸爸，"马莉对他的称呼一直没变过，"妈妈是个病人，她不正常。我会对舅舅们说，让他们想办法带她去看看医生。您说呢？"

赵爸爸没有置身事外，他说："你不用担心，我也会帮忙的。"

马莉想了一会儿，鼓起勇气对他说："我想，离开这个城市，跟我妈妈断绝关系。"

赵爸爸震惊地看着她："那你妈妈可……"马莉的心都提了起来。可毕竟，他还是那个关心她的、比亲爸爸还亲的赵爸爸，他咽下了后半句话。

"好，赵爸爸支持你。换个地方，好好生活。"

可谁知，这话一出，马莉泪如雨下。她说："您不觉得我就是个浑蛋吗？子女对父母有赡养的义务，我妈也不是没有对我好过。我小时候，她最喜欢打扮我，总是给我买很多很多漂亮的裙子。那时候她工资多少啊，挣的那一点点，都给我买裙子了。"马莉哭得哽咽，"我长得像我生父，妈妈恨我，我理解她。她十九岁就生了我，还不懂事，为什么我不能体谅她呢？"

赵爸爸不知说什么好，他用温暖的手掌轻轻拍着马莉的肩膀。马莉站住，捂着脸，大哭了一场。这一场大哭，真不知哭了多久。她胸前的衣服全湿透了，头发也在清晨的寒风中湿成一团黏在脸上，但总算哭完了。她对赵爸爸说："可是，我妈妈恨她的前夫，她控制不住自己的情绪，因为很小的事情就骂我、打我、侮辱我，这些都是她的情绪，跟我没有关系。"

赵爸爸的手掌尴尬地停住了。他说："对对对，闺女，你说得对。赵爸爸永远支持你。"

马莉又在"成人幼儿园"待了一周。过完这最后的一周，她便约了两位舅舅和赵爸爸，一起到她妈妈的家里去。在去妈妈家的前一天，她打电话给小风，把自己的近况和决定都告诉了他。"我告诉你这些，没有别的意思，只是想谢谢你。"

小风没有说什么，可第二天上午，却莫名其妙地出现在了马莉妈妈家的门口。他和赵爸爸，一个是分了手的前男友，一个是离了婚的前夫，站在两位舅舅面前，四个男人面面相觑，很是尴尬。

进了门，马莉妈妈见他们这么一帮人一起来了，眼神里立刻闪过了恐惧和疯狂，但她看上去却很开心。"你们是怎么碰在一起的？快进来，我这家里也没收拾，快坐下吃点水果！"

　　"你看看你也一个人住，早点再找个老伴多好。"小舅舅一开口，就被大舅舅瞪了一眼。两个人都偷瞥了一眼赵爸爸，赵爸爸正尴尬地摸着额角。

　　马莉想，不用再客套了。她便开口说："妈妈，我今天是叫着舅舅们，跟您说一件事。我在这里，工作也辞了，跟小风也分手了。我二十九岁了，准备到上海去备考外语，然后出国留学。俗话说，父母在，不远游，但那也是老话了。新社会，谁都有权利追求自己的梦想，舅舅们说呢？"

　　大舅舅的孩子也在国外定居，他听了，说："是是是，你要是去澳大利亚的话，你表哥也能照应你。"

　　马莉妈妈用眼睛狠狠地瞪了大舅舅一眼，可大舅舅却浑然不觉。

　　"那我呢？"马莉妈妈阴沉地说。

　　"是啊，我去了那么远的地方，您这里我就照顾不上了。所以才拜托舅舅们，给您一点照应。您现在身体很好，如果以后身体不好了，我一定帮您请人。"

"请什么人，我们都好好的，互相照应本来就是应该的。"

"你这是要跟我断绝母女关系？"马莉妈妈从自己垂下来的头发之间看着马莉。

舅舅们说："你这是胡说什么，孩子只是要去留学，怎么就断绝母女关系了？"

赵爸爸和小风都紧张地看着马莉。

马莉又深深地吸了一口气，终于开口说："是。如果您接受不了我出国，就当没生过我这个女儿。"

舅舅们吓了一跳，都来拉她。可马莉没有住嘴："我知道您对我很失望。我长得像我生父，不好看，学习也不好，连让您满意的男朋友也找不到。我也知道您抚养我吃了很多苦。可在您心情好的时候，也说过，我是您的开心果，也说过如果没有我，那么长的苦日子可怎么熬过来。在您心里痛苦的那些日子里，您生气了打我，郁闷了，我就逗您开心。您曾经把我推搡到脱臼，但我没有对别人说过，也是为了保全您的名声。您生病了，我也照顾了您无数次。这些，就当作您生了我，我的报答吧。"

小舅舅手足无措，他扯着马莉说："你妈妈是脾气大了一点，可谁家的孩子不挨打啊？你现在是长大了，你妈妈也上岁数了，因为小时候挨了几下打就说出跟妈妈断绝关系这种话，谁听说过啊？"

马莉难过地握紧了双手，她想：没关系，我不在乎别人怎么说。为自己辩解这样的事她从来没做过，眼下也说不出口。可赵爸爸却开口了。

　　"别人可能不太了解，但我还是比较了解的。"马莉妈妈又从头发之间阴恻恻地瞪着赵爸爸，他说，"这里没有外人，都是你的娘家人。小凤也是个好孩子，这些年咱们也都知根知底了。你可不是普通的打骂孩子，别人当妈的打骂总有个理由吧，你记不记得你都是因为什么事打小莉的？"

　　"我打她，都是因为她淘气。"

　　"她端着滚烫的开水壶，不小心把自己烫伤了，这也算淘气？你看她烫了一个大水疱，说她存心想让你难堪，打骂了她整整一夜。"

　　拉着马莉的小舅舅听了也松了手。

　　"她跟着你到单位去，见了别的阿姨，夸了一句那阿姨的裙子真好看，回到家你又说她白眼狼，不知亲疏，只顾着讨好别的大人。这也算是淘气？

　　"有一回，你听说别人家的孩子到了家就给妈妈洗脚，可小莉平时也没听你说过要给妈妈洗脚啊。她没有主动给你洗脚，你就让她站着想究竟是哪里做错了。这也算淘气？"

两位舅舅彼此看了一眼，都低下了头。

小风不由得深深地看了马莉一眼。他知道马莉小时候过得很苦，也知道她妈妈很凶，动不动就在视频中发火，却没有听过这些细枝末节。马莉看到了他的这个眼神，便说："妈妈，您知道小风为什么要跟我分手吗？因为我对待他，就跟您对待我和赵爸爸一样。他也是爸爸妈妈疼爱着长大的孩子，实在是不应该受这份罪。"

小风说："我当时确实很痛苦，永远不知道自己又做错什么说错什么。可是咱们分开这段时间，我一直想着你，放心不下你。"

马莉看着他的眼神，又跟他们相爱时一样关切和温暖了。但她摇了摇头说："我还不够好，不会再糟蹋你或者别的男孩子了。不光不够好，没法去恋爱、结婚，我也从来没有好好地学习过，没有真正地做过什么想做的事。我总觉得每个人都会像妈妈一样，因为我没看出人家生气了而恨我、惩罚我。上学也好，工作也好，心思都花在这上头，我实在没法专心啊。"

马莉妈妈听着他们这样你一言我一语地说着，咬紧了牙开口："你们口口声声说是我的好女儿、好男人，说什么爱我、心疼我，其实我早就知道，你们都是畜生。这么多年过去了，只记得我这些小小的任性和错处。我对你们的好，一概不记得，一概没有！！！"她尖叫起来，抓起桌上的玻璃果盘摔了个粉碎，

"从来就没人关心过我！从来也没有人心疼过我！谁来心疼心疼我啊?！我干脆现在就去死得了!!"

男人们手忙脚乱地收拾的收拾，拽人的拽人，劝的劝，喊的喊。马莉却站起身来，从这乱糟糟的人群中走过去。在过去无数次妈妈陷入疯狂的巅峰时候，她实在没办法了，就会走过去把妈妈抱住。明知道抱住她就会挨打，可能还会被咬伤，但也有可能，妈妈会一下子冷静下来。那总是最后一种办法。

马莉走过去，从舅舅们的手臂之间把她妈妈抱住。她妈妈怔了一下，一下子大哭起来。可马莉的妈妈渐渐明白了，这不再是女儿费尽心机的妥协了，这是一个告别的拥抱。

"再见了，妈妈。"马莉对着妈妈的耳朵说。

马莉独自一人走出妈妈的家，走在街上。天气很好，风轻轻地吹着她的头发。面对着车流和行人，马莉告诉自己：垂下嘴角，不要眯眼睛，放松自己的脸，面无表情。车的声音、嘈杂的人声从她的耳边流过去。接着，面对着这个前所未有的世界，她发自内心地微笑了。

被情绪很难自控的人影响后，可能会变成非常敏感的人，也可能会变成自身情绪也很难自控的人，抑或是两者同时存在。别人的情绪和我无关，我不需要为此负责。我的情绪是我自己的课题，我可以找到方法来化解。

对自己说：

_____

_____

_____

_____

_____

_____

_____

_____

_____

_____

_____

_____

_____

_____

_____

_____

_____

_____

刘芳　|　我的价值不只在奉献

"调解员？居委会的？"刘芳疑惑地盯着眼前的儿子和儿媳妇。

"呃……不是居委会，但调解员嘛……也算差不多吧。"她儿子苦恼地努力解释着。

"我不去。去了叫人家看笑话！"

"妈……"儿子强忍着脾气耐心解释说，"您跟小雪这几个月都很不愉快，咱们都是一家人，心里头不能埋下这根刺，您说是不是？咱们三个坐在一块儿扯皮怎么也扯不明白，人家帮咱们介绍了这个专业的老师，你们两个就去听听人家怎么说。不为别的，就为让你们休息休息也行，您不是天天喊累吗？"

喊累？刘芳一听，心里梗得更难受了。我那是瞎嚷嚷的吗？我腰天天疼呢，一天从早到晚也不闲着，我喊累？反正我不去。刘芳想了想，便冲着儿媳妇说："你去，去了就背着我说我坏话，说我这掏心掏肺的老婆子是个恶婆婆！"说完，百般委屈涌上心头，便又用苍老的手擦着眼睛。她一只手紧紧抱着三个月大的孙儿，她儿媳妇却仿佛看不得这幅画面，扭着脸。婆媳间大大小小的矛盾多如牛毛，儿媳妇又是个有话直说的人，这么一来，朝夕相处的两个人每天如芒刺在背。

"妈，我就实话说了吧。"儿子仿佛下定了决心，伸出手紧紧抓住老婆的手，"小雪患上了很严重的产后抑郁症，这个病您没听说过，我就给您讲讲。您跟我说过小雪懒骨头，不爱动，娇气，动不动就掉眼泪，这些都是产后抑郁症的症状。如果咱们家里人能帮忙让她度过去也就罢了。这仨月以来，最大的错处也不在您身上，在我身上。"

"你？你做错啥了？"

"这是我儿子，这是我老婆，您是我妈。我呢，就当了个甩手掌柜。"

"你咋甩手了？"刘芳听了直起急，"你上班赚钱多辛苦啊，她又不上班，只是在家里奶孩子。"提到奶孩子刘芳嘴角就泛起了一丝轻蔑，连奶都没有的儿媳妇，究竟在家里干了什么？"一家子靠你一个人养活，你不累啊？"

儿媳妇听这话并不是一次两次了。她也不愿意坐在这儿劝婆婆，真想抽出身来逃走。

"这些话都不公平——但咱们先不继续揪着不放了啊，我就通知您，咱们母子俩的补救措施是这样的：您，跟着小雪一块儿去做心理——调解，我呢，弥补我的过错，一个人在家里带孩子。正好最近效益不太好，我趁着淡季把店里装修一下。老李盯着我也不用去。"

"反正我不去，瞎折腾！没必要！"

"妈。"一直一言不发的儿媳妇突然开口了。她本来是个精神水灵的人，眼下脸色泛着铁青，常年哭泣的眼眶红肿得吓人。她直愣愣地盯着婆婆说："三个选择。第一，您走。"

"我凭什么走啊？！"刘芳听了气不打一处来，"我自己的亲孙子，我不看谁看？"亲家母在儿媳妇年纪很小时就去世了。再说，她若是不能好好在这里看孙子，回老家，真不知道亲戚会怎么笑话她。

"那好，那我走。"

"你上哪儿去？这套都是我们年轻时候玩剩下的，你还想离婚？"

但儿子却很清楚妻子所说的"走"是要走去哪里。大热天她穿着长袖外套，正是在掩盖手腕上的伤痕。他确实一直是个不负责任的甩手掌柜，直到见到妻子躺在血泊中的模样。她躲在浴缸和墙壁的夹角里，若不是鲜血流了出来，他真的发现不了。他知道妻子躲得严严实实才动了手，轻生不是在威胁谁，在那个瞬间，她真的挺不住了。

母亲现在却还句句带刺，他实在忍不住了，便站起身来怒吼："妈！！！别再说了！！！这不是给您第三条路了吗，你俩，一块儿去进行心理——调解，要是不想咱们这个家就这么散了，您就听话吧，算我求求您了！"

刘芳看着儿子泪流满面的模样，也心软了。不就是去调解吗，早年她跟妯娌闹别扭的时候也不是没去过。谁怕谁呀。

第二天一早，刘芳天不亮就起来，给孙子熬粥、煮菜。她儿媳妇总说这么小的孩子不许吃这些，她却不听。不吃这些怎么长肉？儿媳妇又没有奶，可怜的孙子只能喝什么洋奶粉。她又把儿子揪着反反复复、无穷无尽地嘱咐，儿子气急了，直把她往外推。

刘芳便心不甘情不愿地跟着儿媳妇出了门。

"你把儿子扔在家里，就这样头也不回？"

儿媳妇只留给她一个背影，什么也没回答。

"现在这年轻媳妇真是不一样了！"至于究竟看不顺眼她哪里，刘芳自己其实说不出来。她只知道，自从孙儿落了地，她兴高采烈地到儿子家里来带孙子，她就没有一天心里是痛快的。满腔的痛苦使她憋不住，就想说点什么难听的出来。她也知道儿媳妇也不痛快，可那又怎样？她自己当年多苦也熬过来了，她的婆婆可是什么也不管的呀。

婆媳两个一个别别扭扭，一个冷漠失语地来到了一个奇怪的地方，接着又见到了一位"调解员"。儿媳妇握住人家的手喊着蒋园长，刘芳也笑了两下，喊了两声蒋园长。三个人便找了个房间坐下来。调解嘛，谁先开口谁占优势，这样的经验儿媳妇肯定是不足的，刘芳就忙不迭地开口倾诉起来：自己的身体如何如何不好，心里又是多么地爱护儿子和儿媳妇，不顾自己也要过来给儿媳妇帮忙，一日三餐大鱼大肉好吃好喝地伺候月子，又事无巨细抱在怀里身子不沾床地照顾孙子。自己的儿媳妇不光没奶还心狠，那么小的孙子，米也不让吃一口，抱也不许抱。就这样呕心沥血地为了儿子的这个家，她的儿子儿媳妇却嫌弃她、责怪她，还要狠要把她赶走。她说着就伤心地抹起了眼泪。这些要说有表演成分，其实也并不太多。在刘芳心里事情就是这样，委屈和不甘也就是这样。

刘芳说完了，该轮到儿媳妇说了吧。儿媳妇却没说什么，给蒋园长使了个眼色："您都听见了，我还能说啥？"刘芳心里暗叫不好，这两人怕不是早就通过气了。说什么调解，其实就是站在她那边来数落我的！这么一想，刘芳便气得连脖子都梗了起来。又不是村里的领导，我还怕你不成？

蒋园长却话锋一转，突然问："你们二位在孙子出生之前关系怎么样啊？"

刘芳说不出话来了。这事更是她心里的一大委屈。这儿媳妇从小没有娘，就算别的亲戚劝她说没娘的女孩不行，她也从未嫌弃过。婚礼上，儿媳妇哭着说："以后我也有妈妈了！"她也落了泪，心里想着自己也没有个闺女，以后一定拿儿媳妇当亲闺女疼爱。生孩子之前，逢年过节，儿媳妇都大包小包地买来合她心意的礼物，在亲戚面前逢人就夸她是个好婆婆。她呢，不曾给儿媳妇看过婆婆脸色，到家里来了就好吃好喝伺候着，什么家事也用不着儿媳妇来干。别的不说了，当亲闺女疼爱，绝对不是说假的。

正因如此，眼下两人闹到这个地步，刘芳心里才更难受。她觉得自己一腔赤诚喂了狗，又觉得儿媳妇八成也不是什么好东西，是自己看走了眼。一时沉默，刘芳的儿媳妇开口了："我真是拿我妈当亲妈孝顺的。"

说着，她就流下了眼泪。

"就因为当成了亲妈，我想着，凡事我不藏着掖着，都直说。我也不玩什么一句话两句话都催着老公去递话头那种虚的。可我也不明白这是怎么回事，妈为什么什么也听不进去，为什么好好的话总是曲解，又为什么会变成现在这样事事作对。"

她说得真诚，擦了擦眼泪继续说："我妈说我没奶，其实我刚生完时奶很好。我跟她说，月子里不能大鱼大肉地吃，要吃得清淡，多喝清水，要不然容易堵奶。她就是不听，又是威胁又是哄我，我也怕她伤心，也没想到真的会弄成这样。结果没出月子就得了严重的乳腺炎，吃药、回奶，到现在一点奶也没了。我们之间的矛盾大概就是从这儿开始的吧。"

婴儿不能吃大人的食物，好好的孩子不能一直抱着，不然孩子变得放不下，不光当妈的夜里哄孩子一宿一宿睡不着，他自己也总睡不踏实。不管怎么喂也不长肉，就一直在生长曲线的最低点晃悠。婆婆又一个劲地怪她没奶、没用。

"你觉得你妈妈心里有什么坎儿过不去，是不是？"

"是啊。"

"那你觉得大概是怎么个坎儿呢？"

"我真不知道。"刘芳的儿媳妇又落下眼泪，"我累极了，一宿一宿睡不了觉，白天也一直吵、一直吵。我觉得什么都没意义，每天只觉得天昏地暗。"

"你们两位都太辛苦了。"蒋园长怜悯地说。

刘芳没想到这调解员连带她的辛苦也说了，愣了一下，不由得软了心肠。听调解员问自己究竟是哪里觉得不痛快了，她自己也不知道。

"我就觉得我的好心喂了狗了。"她瞪了一眼儿媳妇，但听完儿媳妇刚才说的话，眼神也不像从前那么凶狠了。

"你觉得你做的一切都是好心，可她却不领情，是不是？"

"可不是？哦，我甭管在哪儿带着孙孙干什么，她都要出来说两嘴，这也不行，那也不行，这不是看我不顺眼吗？"

"那你觉得，她说你的做法不行，就是不领情，是不是？"

"……"刘芳差点被她绕进去，便说，"她说的那都是啥啊？我这个做奶奶的，抱也不叫抱，饭也不给做，那我还能干啥？"

"可……你不是说你身体特别不好，每天累得很难受吗？"

"那我这又是为了谁？"

蒋园长思考了一会儿，又问："你年轻的时候，过得很苦吧？"

"当然！我过得苦极了，没日没夜地干活，这腰也是那时候累坏的！原本人家都说我家里成分不好配不上我老伴，婆婆也欺负我，妯娌也欺负我，我不就是这样挣下来的老脸吗？"

"啊，原来是这样，你觉得现在大家尊重你是因为你年轻时候格外地辛苦，对吗？"

刘芳正是这个意思。当年妯娌家里没空带孩子，她便帮着带；婆婆身体不好卧床，她又勤勤恳恳地伺候。一茬接着一茬，她一辈子未得空闲，刚刚歇一歇，孙儿又出生了。

"我觉得不是。"蒋园长温和地说，"我觉得你是一个有良心的好人。婆婆欺负你，你也没有记恨。儿媳失去亲生母亲，你也没有偏见。你得到的尊重是从你的善良来的。"刘芳没说话。

蒋园长又对儿媳妇："你呢，明明已经闹到这个地步了，却没有强硬地请婆婆走，而是带着她到我这里来了，明知道吃了大鱼大肉要堵奶，却还是吃了。你其实心里怕婆婆走吧？你是不是觉得，要是把她得罪了，你就又没有妈妈了？"

儿媳妇一边点头一边哭了起来，刘芳听了，眼睛也湿润了。

刘芳从蒋园长这里出来，步伐沉重地往家里走。

一进家门，她就听见小孙孙哇哇地哭。儿子在那儿说什么"爸爸这就来，爸爸这就来"。看看，一个老爷们儿，能指望他啥？当奶奶的哪里听得孙儿这样哭，她一个箭步冲上去就把被褥间的孙儿抱了起来。

"妈……您……"

"怎么？孩子哭成这样你也不管，我管管还不行了？"

"您怎么这么快就回来了？"

蒋园长建议刘芳和儿媳妇俩人一起到她的"幼儿园"里去待一段时间，当同学，学着怎么彼此相处彼此尊重。其实刘芳不是不心动的，她也在想，好好的儿媳妇，若是两人还能和好如初该有多好。但她又觉得丢人和别扭。待见到自己的儿子带不好孩子的样子，她更坚定了决心。什么调解，什么幼儿园，以后再也不去了，小孙孙可不能没有她。

"你媳妇在那蒋老师那里上起课来了。"

"那您呢？"

"我上什么课？"刘芳瞪了儿子一眼，"人家说她得了什么神经病，我又没有。"

"您去了都谈什么了？感觉怎么样啊？"

"不就是调解嘛？什么感觉不感觉的，都那样。"

这天下午儿媳妇回来，表情态度没什么变化，可气色竟然好多了。儿子缠着问怎么样，什么情况，在那儿都干吗了，儿媳妇淡淡地说："挺有意思的，是个不错的'幼儿园'。我明天还想去，行吗？"

"行，行！"儿子忙不迭地同意，"晚上你好好睡，儿子跟我睡。"

"你行吗？"

"有啥不行的，放心吧。"

刘芳看不得儿子对儿媳妇这副千依百顺的德行。她做什么了？非要老爷们儿这样哄着她、顺着她？

谁知凌晨三点，小孙子大哭起来，久久不止，撕心裂肺。刘芳赶紧披了衣服出来看，见儿媳妇也出来了。

两个人推开房门，只见儿子在里面正慌乱地责备婴儿："让你再哭，你看把妈妈和奶奶都吵起来了吧！"

"怎么了这是？"

"我就想把他放下睡，我这抱着整整一宿，哪儿受得了啊！"

儿媳妇说："不然，还是跟我睡？"

"不成，我来哄他，绝对不让你再起来了！"

儿媳妇表情很复杂地看了丈夫一眼，又瞥了一眼婆婆，说："我回屋睡去啦。"

"这就走了？"屋里剩下两个人和哭哭啼啼的婴儿，刘芳压低了声音说，"自己的男人都这个点了还不能睡呢。"

"还在挑她的错呢！"儿子休息不好，脾气也变得急躁起来，

"为什么这孩子这么难睡啊？您不想想吗？"

"当然是因为没有娘的奶！她没奶，孩子睡不好，那赖谁啊！"

"不是！奶粉吃得饱着呢！就是因为白天您抱抱抱！到底抱给谁看呢？非得抱着孩子，把小雪弄得一宿一宿睡不好觉，自己再嗷嗷喊累，您这是带孩子来了还是演戏来了？要么您是成心欺负我们来了？"

"我……"

"您别再嘴硬狡辩了，儿媳妇您不心疼也就罢了，亲儿子您能别再欺负了吗？现在是我夜里带孩子，您白天就配合我，慢慢给孩子纠正过来，行不行？！"

"我……我怎么针对她了？我到底哪里欺负她了？"

"您觉得您年轻时候一个人把我拉扯大，我奶奶一点忙也没帮，您受苦了。我奶奶好歹没折腾得您一宿一宿不能睡觉吧？您一个人拉扯我，想怎么带就怎么带，我多好带啊，您不是说了吗，把我往被子里一放我就在那儿待一天不动。我奶奶天天追在屁股后面骂您后妈了吗？骂您心狠了吗？您自己奶也不好，我奶奶天天骂您没用了吗？更何况，小雪没奶就是您害的，现在跟以前不一样了，本来油水就多，营养就好，您怎么说也不听到底跟谁置气呢？！"

刘芳被儿子劈头盖脸训得找不到北。他过去不都是说尽好听的吗，什么老婆年轻不懂事，老妈最厉害，多担待。现在这是怎么回事？

　　"亏我还觉得你孝顺，闹了半天在这儿等着我呢！娶了媳妇忘了娘，你跟别的白眼狼也一样！"

　　"我不是白眼狼，我是黑眼狼！您看看我这黑眼圈。"儿子指着眼睛掉了上来，"我这才半宿！她呢？三个月，一百天，一百宿！她能不产后抑郁吗？她能不自杀吗？她拉了自己手腕子一刀，就在这厕所里，流了一地的血！我跟哥们儿喝酒到半夜回来发现的，幸亏口子不够深，不然您孙子就没妈了！"

　　"什么？！"刘芳大惊失色。她这才懂了儿子为什么突然态度大变，为什么凡事哄着儿媳妇。她不过是想多做点，挣个好名声，也不过是看不惯儿媳妇不领情的德行，怎么就差点把人给逼死了呢？

　　她心里一慌，眼泪也掉下来。"可是妈心里也不痛快啊，孩子！妈也不是故意欺负小雪，谁能想到白天里抱抱孩子她夜里就那么苦呢？是，她是跟我说了，但我没信啊！谁疼孩子不是抱着不撒手，妈没想到啊！"

　　"您好好地过来帮忙带孩子，干吗非得不合常理地疼孩子啊！"

"我这不是怕落埋怨吗？我不就是怕不落好吗？当年你大婶伺候你奶奶的时候，不就是因为懒骨头不殷勤，吃力不讨好，被人指着骂吗？"

"谁指着骂您啊？真是搞不懂。我这好好一个家被您折腾成什么样了，还不如请月嫂请保姆呢！"

儿子这天脾气很不好，刘芳回到屋里，翻来覆去睡不着。第二天早晨她醒来时，一把老骨头难受得不行。她心里想：儿媳妇平时得多难受啊。可见到儿媳妇神清气爽从屋里出来的样子，她又涌起无名火来。"你倒是睡了个好觉。"

疲惫不堪的儿子听了，使劲瞪了她一眼。她拉着个脸对儿子说："孩子给我吧，你快去睡会儿。"

"您就甭添乱了，今天我就跟这孩子死磕了！"儿子举起准备好的玩具、绘本说，"就我们爷儿俩，今天就商量商量，不抱着怎么就不行！"

儿媳妇听了，这么久以来第一次露出了笑容。"厉害，还是你有办法。"

"你们俩都甭操心了，一块儿出门吧！"

婆媳俩被推出门外，儿媳妇冷冷地问："妈，您去哪儿啊？"

"哼。"刘芳到底拉不下面子，"你去哪儿我就去哪儿！人家蒋园长不是也邀请我去上课了吗？"

"是。那您就来吧，这儿挺有意思的。您就记着，进了'幼儿园'，咱们就是'小朋友'了，您把我当同龄人，咱们谁也不跟谁较劲。"

刘芳胳膊不是胳膊腿不是腿地跟着儿媳妇进入了这所"幼儿园"。蒋园长说，在这里，人人都是"小朋友"。想说什么说什么，想玩什么玩什么。但是，不许互相欺负，也不许阴阳怪气，要好好地平等地说话。

刘芳见这里老老少少，啥人都有，竟然还有跟她差不多岁数的老头儿，便觉得这城里人的"幼儿园"真是极不像样。儿媳妇在里面活动，也不介绍介绍"这是我妈"。那些小年轻见了她，不喊大娘不叫姨，竟然叫她"小芳"。

刘芳听好几个人喊她"小芳"，心里头竟然觉得好笑。"得有五十年没人喊过我小芳了。"她悄悄对着儿媳妇耳语。

"这名字还真不错。"儿媳妇在这里状态挺不错，脸上也有笑容。

刘芳无事可做，四处找人聊了聊。大伙儿固然和善，可谁都是一副跟她平辈的态度。一个上午过去了，刘芳本人是谁、有什么过往、是什么辈分都无人关心，她竟然神奇地自在了起来。

下午时，她总算见着"讲课的"了。蒋园长来上课，主题是：我的朋友最擅长的事。

刘芳还以为上课说说自己就行，谁知竟然要说别人。这班上其他人早就认识，互相找了个对象说了人家擅长的事，一个个说得有板有眼很是详细。轮到刘芳了，她哪儿有什么选择啊？全班她也只认识自己的儿媳妇啊。

"那我就……说说小雪吧。"儿媳妇看也不看她一眼，就坐在小板凳上抠手。"我这儿媳妇呀，"她话一出口，大家都偷笑，可她没感觉到，磕磕巴巴地往下说，"我头一回见，就觉得长得真俊。洋气！也不知道跟我们穿得有啥不一样，一瞅就是亮眼！我看哪，她最会的就是穿衣裳打扮。"她想了想又说："哦，哦！不光会打扮自个儿，还会打扮我！年年给我带的衣裳啊、包啊啥的，我一上身哪，儿子姑姑见了都问我哪儿来的，怎么那么好看！"说着，她又想到了："我那孙孙，她也打扮得漂亮！那小衣裳、小围嘴，哎哟！把我小孙孙打扮得别提多逗人了！"

刘芳想起孙孙可爱的模样，不由自主地做出了一副矫情蜷缩的姿态来，引得别人大笑。

接着便轮到儿媳妇了。儿媳妇笑着说："那我也说说小芳吧。"

大伙儿听了"小芳"两个字又笑，刘芳也禁不住笑了起来。儿媳妇便说："小芳最擅长的事就是做饭。"

刘芳听了，满脸的笑容骤然消失了。

她心头最大的委屈，就是刚来儿子家里时。那时儿媳妇刚生产完，还在躺着养伤。她费尽心机、绞尽脑汁地一天三餐做着功夫菜，这三餐之间，又是鸡蛋醪糟，又是红糖稀粥，就怕差着儿媳妇一口。可甭管费了多大劲端到儿媳妇床边的饭菜，都不见儿媳妇一个笑脸。开始她只觉得儿媳妇学人家爱漂亮怕胖，可刚生完孩子的哪儿有不胖的。她不管不顾，一味哄着往下喂。出了月子，向来清瘦苗条，连孕期也没长几两肉的儿媳妇，脖子都快看不见了。

她忘不了儿媳妇那不识好歹的面孔。

看来，眼下，这儿媳妇是要在众人面前拿她开刀了。

"小芳就是最会烹饪，要说哪样是拿手菜，我说不出来。她就连糖拌西红柿也比我拌得好吃，我真不知道是怎么做到的！"大伙儿都笑，刘芳却不笑。

"我的妈妈在我三岁时就去世了。我记忆里，从未吃过亲娘做的饭。可小芳就是这样一位妈妈，她怕你饿着，什么时候上她家去，离得老远就能闻见好吃的香味。以前我一年到她家去一回，去之前，我总要把健身卡、减肥套餐都提前办好，因为去一回就能胖三斤！"

刘芳还是没有笑。她也不知道为什么，眼泪流了下来。

"可是她是一个很敏感的人。"儿媳妇突然说，又马上道歉："对不起，我跑题了。"可蒋园长鼓励她继续往下说，她就继续说道："我这个人，没有妈妈，从小跟爸爸长大的，大大咧咧，不懂得她的心情。她一钻牛角尖就出不来，弄得自己老不高兴。她不高兴的时候，做的饭就特别咸。我估计是玩命往里头放盐撒气呢！不健康是真不健康，可是味儿特足，反而更好吃了！"

同学们都笑了起来。

刘芳心里百感交集。她在众目睽睽之下掉眼泪，周围的人却装看不见。给她留足了面子，也留足了擦掉眼泪的时间。

"你们，啥时候来我家，我给你们做一大桌子好吃的！"

"小芳，你会做麻辣牛蛙吗？"

"我想吃松鼠鱼！"一帮没大没小的人七嘴八舌，刘芳却莫名地开心，一一答应下来。

这一天，婆媳俩一起回家。虽然也没说什么，但两人都感受到彼此间的氛围好多了。

"你俩可回来了，我在家都快累死了。"儿子见到她俩，累得直撒娇。

第二天早晨，刘芳就对儿媳妇说："你自己去吧，我不去了。"

"为什么？昨天不是挺好的吗？"

"你们这些时髦玩意儿，我弄不明白。什么上课，什么沟通，我不懂。"

儿媳妇站在门口，一脸失望。

"你去你的。你跟那些人合得来。"她嫌弃地把儿媳妇往外推，又对儿子说，"你也甭瞪着我！我今天就要观察观察你是怎么摆弄我孙孙的！"

刘芳没想到的是，过了几天，那帮人竟然还真的一股脑儿到她这里蹭饭来了。出了"幼儿园"，他们便满口阿姨阿姨地叫。刘芳这才觉得像话。他们带来了各种食材和礼物，刘芳一下子招待了十几号人，忙得不可开交。

　　饭菜自然获得无数赞扬，刘芳心里高兴，饭也没吃几口。儿子儿媳妇都叫她好好坐着吃饭，他俩带娃收拾就行了，可刘芳哪里坐得住。她忙个不停，也累得够呛。客人就劝她："您坐着吧，别动弹了！""我们也能帮着收拾呀。""阿姨，您真像我妈妈，忙得根本停不下来。"

　　"我妈妈也是，没事找事干。"

　　"我妈累了就发脾气，不让她干她又发脾气。"

　　"依我看，这都是被歌颂母爱给害了。就跟妈妈要是啥也不干就不称职一样。"

　　客人们吃饱喝足，便一个个收拾起饭桌来。刘芳急得不行，这辈子自然做东无数，还没有过让客人动手收拾的时候呢。可她压根儿就站不起来，一站起来，就有一位挺帅气的小伙子拖着她坐下。

　　"阿姨，我陪您说会儿话，您就休息休息！"

　　刘芳慌乱地坐在那儿看着大大小小的客人来回忙活，儿媳妇也真不客气，还指挥上了："洗干净的盘子放那儿，碗放这儿，对，拖把就在卫生间里。"

"像什么样子！"她气呼呼地说。

"阿姨，您要是用不着在这儿帮小雪的忙，您想干什么？"小伙子这样问。

"啊……啊，阿姨没想过。"她急着敷衍。

"我现在，我从我妈妈家里搬出来住了，也几乎不联系了。"

"这是咋回事？"刘芳的注意力总算被吸引过来，"那你妈妈多伤心啊。"

"她是挺伤心的，一辈子都围着我转，自己想干的事情从来也没有做过。她总说我白眼狼，最后落到一个连见面都不乐意的地步。"

刘芳心里自然也总骂儿子儿媳妇白眼狼的。"那可不，做妈妈的再累不都是为了孩子吗？"

"可是我只盼着我妈妈能把她自己的生活过好，别总想着我，因为您知道吗，比起为我奉献一切的妈妈，我更想要开心的妈妈。"

刘芳不说话了。开心？为孩子奉献就不开心了吗，可她自己明明就怪难受的。这又是怎么回事？

"我要是回老家呀，我就想着要去旅游。去走走咱们祖国的大江南北，把人家那些美食都尝一个遍。尝了我就会做，回家再给我那老头子做着吃。"

"哇，真希望我的妈妈也有您这种想法。"

家里都拾掇干净了，客人也走了。刘芳正坐在沙发上捶腿，儿媳妇坐在了她的身边。

"妈，我想跟您说件事。"

"干吗呀？"

"我在蒋园长的'幼儿园'里调整好了之后，产假也就休完了。孩子他爸现在还不上班，我就想回去好好上班，让他继续在家里带孩子。我跟他商量好了，他也同意。"

"……"刘芳没说话。

"到时候，我们准备请一个保姆，专门负责做饭收拾屋子。等孩子他爸那边要上班时，再把孩子送去我朋友开的托儿所。"

刘芳听明白了。这是客客气气却明明白白的逐客令。

她闷不吭声地捶了一会儿腿，便昂起脖子来嚷嚷道："我又咋得罪你了？！"

"您身体不好，带娃是个苦差事。等到孩子长大了会跑了，您这腰可是受不了的。保姆和托儿所我们都负担得起，把您给累病了那医药费可就负担不起了。"

"胡说八道！别找借口，你就是嫌我不行！"刘芳直起腰来叫道，"你甭怕，让我走，我就走！我就要问个清楚，我到底哪儿不行了？"

儿媳妇默默地看了一会儿她这模样，突然掰着手指头数了起来："第一，教育理念不一样。现在孩子才三个月咱们就这么大分歧，等到他学说话呀学走路呀，那分歧可大了去了！我生的孩子，怎么教育总该我做主吧？"

"你懂个啥，你从前还养过孩子？凭啥你说了就得算？那也是我的孙孙！"

"您才不懂，您带您儿子那会儿听过课吗？看过书吗？我十月怀胎生下来的孩子，我当然说了算！"儿媳妇气得脖子都粗了，把里头的丈夫一指，"那是您生的，您要教育那个随便您怎么教育！"

"说不通！不讲理！"刘芳说，"你接着说，还第一，第二呢？"

"第二，不方便！我跟孩子他爸亲热亲热，您也瞪着我们；我们吵几句，您也掺和。我们俩成了家，这儿就是我家，您干扰我们了!"

"那……"刘芳不承想这样的羞事儿媳妇大大咧咧地说了出来,"那咋就是你的家了,我年轻的时候家里婆婆……"

"我跟您不一样,我就得在这儿做主,还得在这儿过得自在!"

"第三!第三!"吵不过,刘芳羞愤地喊。

"第三,生活习惯不一样!您做的饭比谁做的都好吃,大油大盐重口味,是想把我喂成猪吗?我说我晚上不吃饭,我说我中午习惯吃沙拉,您看得下去吗?"

"我做的都是好东西!你吃那破玩意儿,短命!"

"那也是我自己说了算的!"儿媳妇毫不相让。

"你就饿死算了,我有病,还给你熬翡翠鱼片粥!"

公说公有理,婆说婆有理,谁也没说服谁。可刘芳却觉得心头很痛快。儿媳妇真不愧是大大咧咧,一个女人,满嘴说什么"我做主""我说了算",刘芳便嚷嚷:"我还做主呢,我还不乐意在你们这里待着了呢!我还真就旅游去了我!"

她气哼哼地瞪了一眼儿媳妇,却见儿媳妇笑呵呵的。

"我觉得，跟亲妈妈吵架应该就是这样。"

刘芳眼圈猛地红了，但她表情没变，还是气哼哼的。她对儿媳妇低呵："手腕子给我瞅瞅。"

她看着那触目惊心的血痂，一阵难言地心疼，可到底什么也没有说，放开了那只手腕。

几天后，刘芳收拾好东西回了老家。果然如她所料，亲戚、妯娌都来笑话她，断言她是被儿媳妇给赶出来了。她一概骂回去，说是自己乐意回来的，带孙子有啥好，还是自己开心最重要！

她果然每天爱干什么干什么，想去旅游的地方也真的去了一两回，心情好，身体也慢慢养好了。可唯有一事心头实在煎熬，就是想孙子。她一想起来就给儿媳妇打电话，质问儿媳妇为什么不发照片，究竟啥时候带着孙孙来看她。儿媳妇工作忙，被她气得直接挂电话。可被别人笑话时，她却有莫名其妙的底气："你们懂啥，亲妈和亲闺女吵架就这样！"

边界感的缺失实际上是一种自我保护的缺失。在侵犯他人的同时，也在伤害自己。不妨后退一步，从保护自己做起，建立安全的边界。

对自己说：

_____

_____

_____

_____

_____

_____

_____

_____

_____

_____

_____

_____

_____

_____

_____

_____

于梦兰 | 我欣赏我自己

于梦兰一直以来的梦想就是做一名幼师，因为她非常喜欢小孩子。她从师范毕业后，又经历了两年的培训，终于加入了自己很喜欢的一家幼儿园，成了实习老师，可是，她只上了两个月班就觉得自己干不下去了。

每天打扫完回到家总要八九点钟了，她筋疲力尽，躺在床上，对男朋友小王说："我不想干了。"

"好不容易上岗了又不干了？不会是怕累吧？"小王一边打游戏一边问。

"我不怕累，孩子们也真的很可爱。"

"那你瞎折腾啥？"

"这几天好几回了，小朋友们问我为什么这么胖。我知道他们只是好奇没有恶意，但我真的心里很难受。"

"哈哈，孩子问得没错，我也想问。那你到底为什么这么胖啊？"

于梦兰无言以对。她盯着男友打游戏的背影，那背影就像一座肉山。朋友们说他俩是"胖子CP"。她从不指责男友肥胖，因为她知道被这样讲并不好受。可男友却总是这样嘲笑她。

"我又不是没有努力过！"于梦兰身心俱疲，也憋了许多委屈，忍不住争辩起来，"这些年你又不是没有看到。"节食、健身、减肥突击训练营，甚至抽脂手术，她都试过了。可不知是遗传基因作祟还是她自己真的那么没用，这一身的肉，或早或晚总会回到她身上。

"那也得有用啊，这不是没用吗。"

"你为什么能这么轻飘飘地说这种话？"她躺不住了，"我付出了这么多次的努力，你连一次都没有努力过，现在却嘲笑我？"

"我没嘲笑你，我说的是事实啊。"男友说完，觉得自己很幽默，哈哈直笑。

第二天是周末，于梦兰不愿意跟男友在一起，回家去看妈妈。她的妈妈年过五十，仍然是个苗条纤细的美人。妈妈一见她就说："你看你，虎背熊腰。再看看你的手臂，多粗了都。"

"妈妈，"于梦兰忍住不悦打断了妈妈，"我不想跟小王继续处了。"

"又是为什么呀？"

"他情商太低了，总是说我、贬低我。"

"哎，"妈妈慈爱地说，"别这样想。你的条件确实不好，小王呢，条件不错，你们这么多年了他也没有真提过分手。只要不分手，说你两句那都是跟你亲。"

"我条件真的那么不好吗？"每当妈妈这么说时，于梦兰都很想哭。

"你看，女孩子总要长得好才能嫁得好。说实在的，你们姐妹三个，就你随了你爸。我本来还以为你会嫁不出去，谁知道你命好，遇到了小王。"

"小王又胖又丑还没工作，我怎么就连他都配不上了呢？"

"人家家里条件好呀，跟他在一起你们连贷款都不用掏！再说了，男人长什么样子有什么关系。"

于梦兰看着自己握紧的拳头。指关节上都是肉，整个拳头圆滚滚的，就像一个包子。她恨死了这些怎么也甩不掉的肉。有一次她梦见自己被丢到了锅里，肉都煮化了，一块一块掉下去。可在梦里，她却觉得特别痛快。

"妈，我走了。"妈妈的饭菜还在锅里准备着，见她站起身就要走，忙不迭地赶着嘱咐："少吃点，多吃蔬菜！不要再吃肉了！对小王好一点，拿点水果回去啊！"

回家的地铁上，她百无聊赖地翻着手机。朋友圈里，朋友分享链接：一白遮百丑，一胖毁所有！打开视频软件："你还没开始减肥吗？每天做四分钟，一个月甩掉十斤肉。"就连智能家电 App 都发来弹窗广告：春天快来了，还不团购跑步机吗？

她一阵胸闷，抬起头来，在车窗里看到了自己的样子。地铁的双层车窗使她看起来瘦了很多。一张瓜子脸，一副窄窄的身体，正是她无数次减肥成功后的模样。她还记得自己第一次瘦下来时的兴奋，高中毕业，以一个全新的面貌进入大学。瘦下来的她很漂亮，比两个姐姐还要漂亮。她想：我崭新的人生就要开始了！可与此同时，她也非常害怕，怕自己维持不住这个样子，怕自己再回到肥胖的深渊里。

呵呵，可是事实总是这样残酷啊！

再回到幼儿园去上班，于梦兰觉得精神不振。临放学时，她正在收拾地上散落的玩具，突然低血糖跌倒在地上。小朋友们都关切地围了过来，大家七嘴八舌地说："于老师昏倒啦！""怎么办，怎么办，于老师这么胖，谁也抱不动她呀！""有了，咱们一起抱吧！"小朋友们嗨哟嗨哟地试图把于梦兰拽起来，可他们怎么也拽不动。

"于老师怎么哭起来啦？""于老师，你哪里疼呀？"

班里的班主任老师来了，她把小朋友们安慰好，又把哭个不停的于梦兰扶起来，让于梦兰先去休息。她就躲在休息室里，哭呀，哭呀，怎么也停不下来。她哭得天都黑透了，有一只温暖的手，放在了她的肩膀上，抬起头来，看到是幼儿园里退休了的老园长。

"你是梦兰吧？"

她竟然记得自己，于梦兰心里很感动。要知道，老园长这一辈子带过的老师太多了，可她却记得自己这样一个在她退休之后才入职的实习老师。

"你入职的时候，是我把你招进来的。我说这个女孩看起来笑得很温暖，一定会是一个有爱的老师。"

于梦兰马上又哭了起来。她泣不成声地说："对不起，蒋园长。我可能干不成了。"

"为什么？"老园长蹲在于梦兰面前，就像平时安慰哭鼻子的小朋友一样。

"我自己的状态太差了，没法胜任工作了。"

"没关系，没关系。"老园长的手抚摸在她的头发上，轻柔地说，"状态不好就调整好，调整好了，再继续工作。你是一个优秀的女孩，我一看就知道。"

回到家，于梦兰告诉小王自己低血糖晕倒了。小王说："我还以为你浑身的肉里都是血糖呢，竟然还能不够使？"

"你够了吧，我告诉你无数次了，我很不喜欢你这么说。"

"啧。"小王终于放下游戏机转过身来说，"古人说了，心宽体胖，你既然这——么胖，心也得同等宽才行。不要太敏感。"

她把小包子一样的拳头握紧又松开，握紧又松开，终于鼓起勇气说："咱们分手吧。"

"啊？开个玩笑你就要分手？"

"我是认真的。"既然如此，于梦兰觉得应该要真诚地说清楚。她坐在小王对面，把他和屏幕隔开说："咱们在一起这么多年了，可我一直不快乐。我想把自己变得更好，所以想先开始一个人生活。"先把你给我的负能量隔开来，于梦兰心想。

"你就跟我在一起才能变好！还一个人生活，你一个人怎么生活？除了我你还能找谁？像你这样的小猪猪，除了我谁还能不嫌弃你？"

"不要再叫我那个名字了。"

"小猪猪。"

"我认真地请你住口。即使我们分手，也请你不要再叫了。"

"小猪猪。"小王用手指顶了一个猪鼻子。

于梦兰的心怦怦地狂跳，她站起身来，抓起自己平时出门用的小包，冲出了这个两个人准备当作婚房的家。

打过电话后，她的大姐于梦娇很快就开车来接她了。大姐是个女强人，说话做事都雷厉风行。她说："你为什么要在乎别人说你什么？他们说他们的，你胖你的。怎么了？"

于梦兰无言以对。大姐从小又漂亮又优秀，始终自信满满。"你没听过这些话，怎么会明白？"

"呵呵。"大姐直到现在还在开手动挡的汽车，因为她说这样有掌控感。她麻利地换了挡，说："我当然没听过别人说我胖，但我听过的难听的话多了。他们说我是女的，说我肯定成功不了。等我成功了，他们又说我是睡上来的。你胖，还能减肥呢，我是女的，怎么，我还能变性？"

"他们怎么能这么说你？"大姐比于梦兰大十二岁，差这么多，当然也不亲。可大姐永远都是于梦兰的偶像，是她比妈妈更崇拜的人。

"嘴长在他们身上，说什么干我屁事。"

"啊，真羡慕你。"于梦兰含着泪望着窗外，不再说话了。

第二天，于梦兰按蒋园长说的地址找到了她开办的"成人幼儿园"。这里的规范跟她工作的"儿童幼儿园"完全一样，唯一的区别是，昨天她还是老师，今天就是"小朋友"了。按理说她应该比谁都更快地进入状态，可四下一看，她就慌了：因为她看到了几位自己认识的学生家长。

"欢迎兰兰！"大人们就像班里来了新的小朋友似的，欢迎了她。等到自由活动时，班里一个叫元元的小姑娘的妈妈就凑了过来。上周，她还好几次亲手把元元送到了这位家长手中。

"你别紧张。"许苑悄悄地对她说，"我们都是蒋园长的学生，谁都懂道理的。"

"哈哈。"于梦兰莫名地被她逗笑了。她们就一起"玩"了起来。于梦兰想起，自己在参加培训时，听到资深的老师们讲述着这所幼儿园是怎样教会小朋友们自信和自爱时，她就偷偷哭了好几回。那时她想，如果自己小时候也能在这样的幼儿园读书，一定就不会长成现在这样自卑又状况百出的人了。

至少，不会有小朋友骂她肥猪，往她头上扔菜叶子说是"喂猪的"，老师还在旁边跟着偷笑。

再回到"成人幼儿园"，蒋园长来给大家上课，主题是：我最不喜欢的那一部分自己。

于梦兰班里有个叫抖抖的小男孩，他的爸爸举手先说："我最不喜欢的是我发火的时候。在我发火的时候，我就跟我的爸爸一模一样。而我发火的原因，也往往跟他一样。现在每次我要发火时就攥上拳头，先数1、2、3，然后再冷静一下，想一想我究竟是因为什么发火，究竟是我在发火还是我的爸爸在发火。这样一来，没道理的脾气就能按下去了。所以现在……嗯……"他不好意思地说，"我觉得自己挺棒的。"

一个一直在写东西不怎么跟别人说话的女孩说："我最不喜欢自己的地方就是自控力太差，比如说吃甜食吧。我就喜欢吃甜食，而且一工作就吃得停不下来。"于梦兰偷偷看着女孩，这女孩是个跟她不相上下的胖姑娘。"现在我想明白了，甜食能带给我快乐。看样子我的身体觉得自律没有快乐重要，那我就尽情地享受快乐呗。"

"可是……"于梦兰忍不住插嘴，"你不想变瘦吗？"

"我变瘦过，瘦下来之后也没有快乐呀。"那女孩无所谓地说。

大家都发了言，只有于梦兰躲在角落沉默着。每个人曾经都有讨厌自己的地方，也想到了办法来解决问题。可是于梦兰并没有办法。她太讨厌自己了，就像妈妈讨厌她一样。可是仔细一想，除了胖，她又有什么错呢？

想到这里，她弱弱地举起了手。

"我最讨厌自己的地方，就是我讨厌我自己。"

许苑远远地向她投来了同情的眼神。

于梦兰低着头想了一会儿，说："我是一个天生的胖子。我妈妈因为这件事情永远把我当成一个不合格的商品。我被她说了一辈子，永远都在想怎样才能变瘦，变成妈妈眼里合格的商品。但这两天，我明白了，因为被说了一辈子，胖不是问题，讨厌自己才是问题。连我自己都不喜欢自己，别人都来攻击我、嫌弃我，当然也用不着客气了。"

蒋园长重重地点了点头。"我很高兴你能自己想到这些。"

于梦兰泪眼汪汪地问："可是我该怎么办呢？"

第二天，于梦兰结交了更多朋友。除了认识的家长之外，别的"小朋友"也愿意和她一起玩。这可是她自己还是小孩的时候从来没有发生过的事情。她是个幼师，又会唱歌又会弹琴，又会画画又会跳舞，故事也读得特别动人，无论什么游戏都擅长。大家都崇拜地看着她。放学后，她悄悄地问许苑："为什么你们都对我这么好，是不是蒋园长提前跟你们说了什么？"

"嗯？"许苑没听懂。

"我是说……你们对我这么好，是不是因为可怜我？"

"为什么要可怜你？"

"……"于梦兰想到，她觉得自己是一个肥胖无望的可怜虫，可蒋园长一定不会这样想，更不会提前打什么"招呼"。许苑却说："我喜欢你是因为你特别好呀。你善解人意，又特别聪明。跟你在一起特别舒服。"

"真的吗？"

"当然！而且呀……"许苑突然压低了嗓门说，"你到元元班里的第一天她就跟我说，新来了一个很可爱的老师，她特别喜欢你。"

"……"于梦兰又郁闷起来。孩子喜欢她，她应该多么高兴啊。可是自己却辜负了孩子们和自己的期望。她又问许苑："为什么你们都喜欢我，但我小的时候，同学都欺负我呢？为什么我的妈妈觉得我是滞销的商品，有人买就不错了？为什么我的男朋友总是嫌我胖呢？"

"我也不知道。"许苑纳闷地挠了挠头，"不过我小时候班里也有一个胖姑娘，总是被欺负。每次她气得站起来要反击的时候男生们就说，哥斯拉攻击啦！"

两个人都沉默了。许苑跟于梦兰并行了半天，到了两人要分别的路口，许苑说："我想不出来他们为什么要那么对你。因为我不是那样的人呀。抱歉。"

不知为什么，有一道光闪过了于梦兰的心头。"他们就是那样的人。"他们就是那样的人，所以遇到于梦兰，他们就欺负、羞辱。遇到大姐那样苗条美丽的女强人，他们就泼脏水，诋毁她。

"怪不得我想不出究竟是为什么，想不出我究竟做错了什么。因为我不是那样的人呀。"

于梦兰的心情突然轻松了起来。她愉快地往地铁站走，准备去大姐家时，却接到了小王打来的电话。

"你在哪儿呢？"

"怎么了？"她很冷淡。

"两天没回家，够可以的啊你。"

"抱歉，我不知道你说的是什么意思。那是你的家啊。"

"啧……"电话那头传来很不耐烦的停顿。相处多年，她知道小王火了。

"差不多就得了，有完没完？"他咬着牙说，"你要是总因为我随口开个玩笑就这样闹，那我还真就不要你了啊。"

"你是听不懂人话吗？"于梦兰也火了，"我说了咱们分手吧，我也说了那是你的家，我不会再回去了，你凭什么不要我？"

"我告诉你，就你这样要钱没钱，要貌没貌的女的，除了我没有人看得上你！"

你特别好呀。你善解人意，又特别聪明。跟你在一起特别舒服。元元跟我说，新来了一个很可爱的老师，她特别喜欢你。于梦兰含着眼泪在心里默念许苑刚才对她说的话。她没有再多说什么，直接挂上了电话，深呼吸，走进地铁站。

这天晚上，她妈妈又打来电话。她一上来就说："我跟小王道过歉了，你这孩子也真是的。这种事情也要我拉下老脸来替你处理！我可是跟小王说好了，你马上就回家去道歉。妈妈已经跟亲家母谈好结婚的事了，你不要再任性了哈。"

于梦兰下意识地左右找大姐。其实大姐一直对她很冷漠，只是有时候妈妈絮絮叨叨把她念个不停的时候，大姐会突然说："别说了。"不知从什么时候起，她养成了无助时就用眼睛找大姐的习惯。可今天，大姐加班还没回来。

只能靠自己了。于梦兰对妈妈说："我不会回小王那里，也不会道歉的。我跟他已经分手了。"

"不要犟嘴了！"她妈妈急得不行，"你这孩子从小什么都听的，怎么到这种人生大事的节骨眼上突然任性起来了？"

"这是我的事，您为什么要替我道歉？为什么要替我承诺我要回去？"

"妈妈当然是为你好呀！妈妈希望你幸福啊！"

"为什么我非得跟他在一起才能幸福？我自己究竟是有多无能，多丑陋，多无药可救？！"于梦兰尖叫起来。

很多人说，小时候的事根本记不清了，可她却连婴儿时都有记忆。那时大姐已经很大了，不用管了，二姐还是一个精致的女童。妈妈带着她俩出去，逢人就说："生了个老三，样子随老于，毁了，毁了！"

"你跟姐姐们不一样，你这么胖。"这句话妈妈从小就挂在嘴上，眼下于梦兰尖叫起来的，是憋了这一辈子的委屈。妈妈听到她失控的哭声，沉默了一下，马上找补起来："哪里无药可救了？妈妈生你们三个，你大姐冷冰冰的，二姐骄纵得不行，只有你最乖，脾气最好了，从来也不要妈妈操心。你乖，听妈妈的，没有错的。"

"我最乖？脾气最好？那是因为你讨厌我呀！我不乖，怎么讨你从漂亮姐姐那里剩下来的一点点爱？可惜也没有用，你还是那么恨我！"

223

"你胡说什么？妈妈怎么会恨你！"

"妈妈！"于梦兰几乎是在哀求，"小王对我并不好，他瞧不起我，觉得我没有他就没法活。我真的不想再被人瞧不起了，求求你了，你是我的妈妈，你不要再瞧不起我了，好不好？"

于梦兰的妈妈在电话那边还在说个不停，还是老一套：你要正视自己，认清自己。于梦兰则一直哭着说："求求你了妈妈，求求你了妈妈。"她哭得肝肠寸断时，突然有人把她的手机夺了过去，一下挂断了。原来是大姐回来了，她都没有听到。

"跟妈妈说不通的，你别哭了。"大姐冷酷地说。

"我实在太想哭了，你就让我哭个够吧！我们幼儿园的小朋友想哭都是要哭个够的啊！！"

"是吗？"大姐耸耸肩，"那你觉得有用就哭吧。"

"姐，你喜不喜欢我？你觉得我好不好？"她拉着大姐的手，几乎是在撒娇。

"怎么搞的你，先求妈妈喜欢你，又求我喜欢你？"嘴上这样说着，她却在于梦兰面前坐了下来，"那你呢？你觉得自己好不好？"

"我……我善解人意，又聪明，又可爱。"她像背课文似的，又把许苑说过的话说了一遍，"对吗，你也这么觉得吗？"

"我不知道。"大姐诚实地说。于梦兰失望极了，拉着大姐手的双手也缓缓垂落下来。"我一直觉得你是个胆小鬼，什么都怕，又觉得你很安静，挺没意思的。但是等你长大了之后，我又觉得你很痛苦。"胆小，无趣，痛苦。这三个词像钉子一样刻进了于梦兰的心里，这是她最崇拜的大姐对她的评价。可在她的痛苦至极的时候，大姐又说："如果你不是我妹妹，在别的场合碰见你，我愿意跟你合作，也愿意跟你做朋友。"

"真的？可……可，为什么？我不是胆小还无趣吗？"

"那些都是你自己的问题，我也帮不了你。但你不是问我喜不喜欢你吗，喜欢呀。"大姐面无表情地说，"妈妈让你回去找小王道歉吧，我陪你去。"

"我不想去！"于梦兰难过地说，"我没有什么要向他道歉的。"

"但是你放在他家的东西不是得拿回来吗。"

开车到小王家时，姐妹俩看到她们的妈妈正赔着笑脸坐在他家的沙发上。她本来很忐忑，但见到于梦兰还是来了，立刻松了一口气。"我就说她肯定得来，你就放心吧。"那小王竟然笑着说："这死丫头，我真是治不了她，还是您有办法。"

"自己去吧。"大姐从后面推了她一把。于梦兰深呼吸，走上前说："小王，我姐陪我来收拾东西拿走。"

"于梦兰！"妈妈听了怒喝一声。

"你……"小王也怒火中烧，可到底当着长辈的面，不能像平时一样口出恶言，可他知道这长辈站在谁那一边。稍一权衡，他便说："那你收拾吧。不过快点，都这么晚了我还得睡觉呢。"

于梦兰的妈妈听到小王这样讲，急坏了。她上前来拉扯自己的小女儿。"你今天如果真的走了，以后妈妈再也不管你了！你爱怎么样就怎么样，连彩礼钱都不要找我拿！"她说得来气，又想着要在小王面前管教自己的女儿，便凶狠地说，"脑子坏掉了，不知道想些什么。你知不知道人家小王的妈妈怎么跟我讲你的？人家一见面就对我夸你，夸你哎！夸你温柔，还夸你工作好。这样好的人家，你走了，看你还能找着吗！"

"那不然呢？"于梦兰冷笑着说，"难道两边父母一见面就要跟您说您的女儿是大肥猪、丑八怪？场面话夸一夸我您都觉得不可思议吗？"

"你究竟哪里不满意了？小王除了对你开开玩笑，究竟是少了你吃还是少了你穿？他讲一讲你的身材，还不是关心你吗，那你要是忍受不了，你的亲妈妈不也一样讲你，你难道也要跟我绝交？"

于梦兰正在装东西，听到这里便闭上了眼睛。正好，他们
两个都在，也是说清楚的好时机。"您知不知道我为什么会跟小
王在一起？"

"什么？"

"我们从大学就认识交往，这么多年，他没有欣赏过我，没
有鼓励过我，更不要提帮助我、照顾我。你说少吃少穿，我是
没有少，可那都是我自己挣来的吃穿，跟他有什么关系？他抱
在怀里的游戏机还是我给他买的呢！这样的男朋友，换了别的
女孩子早就受不了了！为什么我要忍着？为什么我连一句温暖
的情话都没听到就甘愿跟这样的人交往？"

"……"

"因为，他说我的话，我早听惯了。他对待我的方式，我也
早习惯了。就跟您对待我一模一样！"

于梦兰很激动，没有看到大姐站在角落里无声地鼓了下掌。

"您在家里贬低我，在外面嘲笑我。我努力乖巧听话学习
好，多才多艺什么都会，自从辛辛苦苦挣了钱就给您买这买那，
就算这样，也得不到一个字的好话，得不到您高看我一眼。我
当然以为我活该过这样的日子，活该找一个跟您一样轻视我的

男友！"

"我怎么没有夸奖过你！！"于梦兰的妈妈尖叫起来。

"夸过，夸过。"于梦兰说，"我考了第一名回家，您说这孩子考这么好有什么用哦，这么胖，嫁也嫁不掉！那时我才十二岁啊妈妈！"

"我还不是担心你吗？我怎么不这样讲别人的孩子？"

"我倒盼着您能讲一句别人的孩子。大婶带着表姐来了，夸我可爱，夸我聪明，您说什么？您说哪里可爱，聪明嘛，也看不出来。倒是表姐，真是小美人坯子。您也希望您的第三个女儿是表姐吧？这样一家都是美人，再也不用觉得丢脸了！"

"真是胡说八道！哪儿有妈妈不爱自己孩子的？你是我生的！我当然最爱你！说那些话，都是场面话，你拿这些来责备我真是不懂事！"

"……"于梦兰看着激动又着急的妈妈，突然不知道自己究竟在争辩什么。她很想逼着妈妈说出一些话。可究竟是什么呢？想要她承认从来没有爱过小女儿？还是更不可思议的，盼着她能道歉？盼着她能改变？盼着她能把从小到大欠自己的母爱和欣赏都赔给自己？怎么可能呢？

于梦兰手里拿着一个塑料袋，里面装了两件衣服。她愣愣地看了看手里的袋子，突然说："算了，也没什么好拿的了，都是很便宜的东西。小王，麻烦你都扔了吧。我想走了。"

坐在大姐的车上，于梦兰望着窗外，眼眶发烧，一滴眼泪也没有了。

"真可笑，我竟然指望能说服妈妈，是她对不起我。"

"确实不可能。"

"白来一趟，白说那么多话。"

"我倒觉得没有白说。"大姐昂着脖子开着车，脸上带着微笑，"凭什么憋着，有话就吼出来，管他们怎么回答怎么想！"

"嗯！"这句话真是充满了鼓舞的力量！于梦兰竟然也笑了。

"你打算怎么办？不会一直赖在我这里吧？"

于梦兰找了一个跟四个姑娘合租的小屋，便从大姐家里搬了出来。每天白天，她都去"成人幼儿园"上学，一点一点地把自己的自信建立起来。蒋园长也好，"小朋友们"也好，他们都特别爱她。他们不吝惜任何赞美的语言，每天都在夸她："你好棒，你的皮肤怎么像娃娃一样好。"于梦兰开始不断地在心里默念："我要像大姐一样坚强，像许苑一样温柔，像洋娃娃一样可爱。"时间长了，这些话仿佛形成了身体的记忆。反应过来时，她已经很久没有嫌弃过自己了。

蒋园长倒建议她慢慢来，可是她太想早点回到幼儿园去跟孩子们在一起了，不再做"小朋友"，重新做回老师。小朋友们给她开了一个盛大的欢迎会。他们做了歪七扭八的手工，有的还带了一大包一大包的糖果。

"于老师，这是我画的你！"画上的她是一个圆球，这个圆球长着大大的眼睛，长长的头发，还有一对儿红脸蛋。除此之外，她还戴着王冠，穿着美丽的公主裙。

"哇！我看起来就像公主一样。真的有这么漂亮吗？"

"你很漂亮！而且很软！就像我妈妈一样软！"这个小姑娘的妈妈也胖乎乎的，于梦兰听了哈哈直笑，笑着笑着，眼泪又流了出来。她觉得，虽然离开了"成人幼儿园"，但在孩子们中间她的治愈永不会停止。

一天下班后，她看了一下手机，看到小王发来的信息，想要跟她谈谈。

"谈什么谈！"她骂了起来，"狗皮膏药，黏住不放。"旁边的同事知道她的事，说："他是不是总算想起你的好来了？"

于梦兰听了，真有点想知道他究竟想谈点什么，便赴了约。小王看起来挺憔悴，看来这几个月过得并不好。

　　"小兰，你想好了吗？回来吧！"

　　"嗯，我想好了，我不回去。"

　　"我改还不行吗？"

　　"改什么？"

　　"我这个人，真的没有恶意。你知道，男生就是这样，嘴巴贱！我们男的在一起玩都是这样互相开玩笑的。谁也不会生气。我跟你开玩笑，都是因为觉得你亲，不知不觉把你当成他们了。我改了不就完了？"

　　"你想怎么改？"

　　小王听她这么说，以为她回心转意，不由得有点得意："我以后，不提猪字，不说你胖，不说你肥。"

　　"呵呵。"

　　"但是咱们也不能要求太高，你要是要求我天天把你夸成仙女儿，那也不符合实际情况是不是？"

　　于梦兰微笑着看着他。

"再说了，我是真的不在乎女朋友长得好不好看。你就算再胖二十斤，我也只看中咱俩的感情，也不会真的把你甩了啊！"

"你有什么资格在乎女朋友长得好看不好看？"

小王愣了一下，仿佛没听懂她的话。

"你比我大七岁，今年都三十了。你去年全年的收入够一万吗？你今天出门照镜子了吗？知道你脖子那儿还有菜汤吗？长这副模样，该不会还真觉得自己有条件挑挑拣拣吧？"

小王面红耳赤，正要反驳，于梦兰接着说："对对对，你也有优点。本地人嘛，有房有车。你的房子你的车，有一分钱是你自己挣的吗？换一个女孩子跟着你，除了有一间四十平方米的'老破小'，出门能开辆君威，还有一点好日子过吗？"

"你疯了？！你这个死肥婆还有脸来挑剔我？！"

于梦兰耸耸肩。"难道你还想让我夸你能干夸你帅，咱们也得符合实际情况是不是？再说，咱们交往一场，我也是关心你才这么说的呀。"

"你知不知道我当初为什么要追你？"小王气得眼睛也眯了起来，"多少女孩子想找本地男朋友，我看上你，就是看你长得老老实实不会折腾。谁能想到一辆坦克也这么嚣张，我不找你要这些年的青春损失费就是客气的了！"

"哈哈哈哈哈！"于梦兰大笑起来，"好了，好了。这回咱们就算彻底撕破脸了。以后，千万别再联系我了！"

"不联系，到底是谁更痛苦？你妈妈会打死你！"

"我妈妈年纪大了，我比她力气大，她打不死我，略略略（网络词，指吐舌头发出的声音）。"

于梦兰起身就走，心情好，脚步轻。经过闹市区时，她突然看到商场巨大的广告屏幕上，一位膀大腰圆的胖女孩穿着精美的内衣，笑得极自信。

"真好看！"于梦兰大声对着那广告说。

自尊与自信来自外界的积极关注和欣赏。当难以获得来自他人的鼓励时，也可以自己转变态度，做一个欣赏自己、无条件爱着自己的挚友。

　　对自己说：

蒋红安 | 我的人生自己定义

蒋红安出生在一个条件极好的家庭，又是独生女，可以说是父母倾注心血悉心教养的女儿了。少女时代，她家的沙发上永远铺着浆洗过的白色蕾丝盖布，父母永远穿着一丝不皱的军便服。这样家庭的女孩，工作后大致方向便是教师、文职，都是安稳有保障的好工作。找对象更不必提了，大把根正苗红的好青年攥在介绍人手中等待着她的父母点头。

　　蒋红安决定要做一名保育院老师。按理说，父亲打一打招呼，她就可以到离家很近的单位附属幼儿园去。那里的领导、孩子的家长都是父亲能说上话的人，自然用不着她受一丝一毫的委屈。

　　可她偏偏想要去一所普通的幼儿园。那里的家长都是普通工人群众，条件挺不好，孩子又多，工作又忙得不得了。

　　还没等父母同意，她已经凭借优秀的幼教水平被那边录取了。父亲也没什么好反对的，固然怕她吃苦，可她这样有志气，深入群众有什么不好？

　　就这样，十八岁的蒋红安便成了"红星幼儿园"的一名保育员。其他教师都是四十岁以上的大姐，有着丰富的幼教经验，她们也不知道这个新来的小姑娘是什么家庭背景。问起她来，只说是普通教师家庭的子女。一开始，她十分快乐，孩子们都特别喜欢这个年轻漂亮的"姐姐老师"。可是干着干着，她开始觉得不安了。

孩子们每天在园里的活动都十分严格，上午做手工，中午午休，下午做游戏。午休醒来，一排排的小孩子就像工厂流水线上的商品，一个接一个接受老保育员们粗暴地穿衣、梳头、灌水。对"不听话"的孩子，大姐们凶极了，班里有一个最顽皮的男孩子还被踹过好几脚。她们重男轻女，对待男孩子满口赞扬，班里各种杂事都交给女孩子去做。她们还拿孩子取乐，当着孩子们的面便讲出许多不合适的批评和造谣来。

蒋红安不知为什么，那些大姐看不到被呵斥、被误解的孩子们眼中的恐惧和受伤，她们对待孩子就像对待盛在铁饭桶里的大锅饭，一勺一勺，都要老老实实，只要干起工作来轻松省事就好。这些也还算好，大部分幼儿园恐怕都是这样。

最让她难受的是老师对不同家庭条件的孩子的区别对待。

班里有一个名叫董建的小男孩。蒋红安了解到，他的父亲是一个劳改犯，关进去之后亲生母亲就跑了。奶奶是个盲人，看不住孩子。他两岁时，跑进厂区，手臂被卷进机器里，现在只剩了一只手臂。他在幼儿园里永远极安静，也懂事，从不做老师不允许的事，小小一个人隐藏在孩子们之中，仿佛害怕被人看到。可他破旧的衣服、空荡荡的袖子，又总是那么引人注目。老师们却总是有意无意地给他穿小鞋。比如打饭时只给他一个馒头，装作忘了给他打菜。比如当着他的面大声地议论他的父亲犯了什么罪，他身上穿的那些破烂又是何等寒酸。

一天，蒋红安正在给班里的女孩轮流扎小辫，听到了男孩子那边传来凄厉的哭声。她冲过去一看，一个壮实的小男孩正哇哇大哭。他指着董建说："他揍我！他要杀我！"

董建没有为自己辩解，可是他脸上一大块红肿，一看就是被打过，衣服上也满是尘土。

"真是老鼠生的儿子会打洞！"一个老师一边尖声骂着，一边拧住他的耳朵，"你还打人？早晚也是个劳改犯！"

"干什么啊？！"蒋红安大吼一声，其他老师都吓了一跳。她推开拧着董建耳朵的老师，蹲下身来对着他说："你跟老师说，你为什么要打他？是你先动的手吗？"

董建紧紧咬住自己的嘴唇，小脸皱成一团。他拼尽全力想忍住眼泪，但毕竟年纪太小了，眼眶里不争气地涌满了眼泪。

蒋红安见他这样子，心疼得顾不得别的，对那些老师吼叫起来："别的孩子父母俱全，一个爸爸四个叔叔都在车间一线，所以他就不可能先动手吗？董建除了眼盲的奶奶一个亲人也没有，他就活该被打被骂被冤枉？！"

蒋红安把他上下检查了一下，发现在他完好的那只手臂上，有一个牙印。下口极狠，隔着衣服都流出了血。

"走，老师带你去医务室。"

"大夫今天不在。"其他老师都冷冰冰地看着这个不知天高地厚的小姑娘。

"那就去外头的医院。"她用瘦瘦的手臂一把抱起董建，带着他离开了这里。她忍着一腔怒火跑了老远，累得不行了，把孩子放下来时才发现他泪流满面。

"怎么了？哪里疼？还有哪里受伤了？"

小男孩用受伤的手臂搂着蒋红安的脖子，委屈地说："是他先打我的，他说要把我的胳膊咬下来！"

"好了，好了，老师相信你。"蒋红安轻轻拥抱住这个可怜的孩子，"你的胳膊要疼好几天了，老师买好药，就送你回家，你好好地休息。"

到了董建的家，她第一次见到了董建的奶奶。老人像一截枯木，只能凭着记忆完成日常生活的自理。家事做完后，就安静地坐在床上，仿佛跟屋子融为了一体。

蒋红安本来想告诉奶奶，孙子在幼儿园挨了欺负。可见到奶奶的模样她便没有说，说了又有什么用呢？

"怎么回来啦？你又闯祸啦？"奶奶狠狠打了董建两下，看起来手臂挥得挺高，其实只是轻轻地挨在孩子身上。

"没有，没有。董建是最乖最懂事的孩子！"蒋红安忙不迭地说。

"我这孙子，可怜哪。跟着我老婆子连饭也吃不饱。"蒋红安给董建上药时，便耐心听着奶奶絮絮说着孩子的命苦。说到董建从前老从幼儿园里把馒头带回家来，被老师抓住了，说他是个小偷。

怪不得她们现在连菜都不给他打。

蒋红安下班后回到家，沉默无言。她心中酝酿着一个计划，年轻的心正在尽力地运筹帷幄，等到想得周全后，她对父亲说："爸，我想自己开一个幼儿园。"

"什么？！"

"我想开一个幼儿园，所有的孩子都是平等的，不分家庭是干部工人，也不分资本家劳改犯，不分男女。孩子们可以随便玩耍学习，还可以尽情地说话，不管对谁有意见都可以大胆地说。女孩子也可以爬树，男孩子也可以用花手绢，不管是谁的孩子都能吃饱饭，不管是哪家的孩子都不能欺负人。老师不打骂孩子，而是好好地爱每一个孩子。"

"你胡说什么，现在哪里不平等了？咱们本来就是平等的。再说，老师光知道爱算什么教育，那不乱套了？还有组织纪律吗？"

蒋红安的爸爸完全不赞成。一来，她太年轻，才当了几个月保育员就要自己开幼儿园了，胡闹。二来，她的想法不切实际，胡闹。第三，开个幼儿园谈何容易，即便是她爸爸这样的人也不是那么容易就能打通关系的。蒋红安没有气馁，她一边上班，一边收集各种故事回到家讲给父亲听，可大概是她还太稚嫩，父亲怎么也听不进去。正在她觉得这幼儿园大概只能靠未来真的资深的自己来开办时，转机却出现了。

有人给她介绍了一个对象，此人跟她自然门当户对，而且还留洋归来。两人谈了几回，蒋红安就讲了自己的想法。谁知这人十分欣赏。碰巧他家里就有亲戚专管批幼儿园文件，于是便承诺要支持她的梦想。

他是个斯文的人，话没有说出口，但蒋红安却明白，这样的大忙可不会帮不相干的人。如是，两家谈好，领证成家，请客吃酒。接着，她接手一家幼儿园，各种审批辛苦跑下来，在蒋红安十九岁这一年，成立了"幼苗幼儿园"。她年轻没经验，婆婆是一位在教育部门就任多年的老干部，便兼任园长。蒋红安做"教育园长"。至于生源，夫家和娘家面子很大，便招来了不少双方单位家属的孩子。蒋红安自己先与董建的奶奶商量，他立马转学过来，当然没什么可说的，也跟原来的幼儿园里一些受到"特别对待"的孩子家里谈了，请他们转到自己这里来。办幼儿园是蒋红安的梦想，丈夫全力支持，怎么样教育当然由她说了算。可真的做起来，实在是难。

幼儿园分为两拨孩子，家里介绍来的孩子出身好，态度也高傲，又是关系户，认为蒋红安自然会特别关照他们。这些孩子耳濡目染，仿佛也懂得自己的金贵。他们在家里被寄予很高的期望，是盼着长大考大学的。

另一拨孩子，在原先的幼儿园里都算是弱势群体。他们的家长往往因为种种事情顾不得自己的孩子，更不要提学着关爱他们了。

蒋红安要做的第一件事就是教会孩子们："你们大家都是一样的。""我的爷爷可是局长！"当一个孩子这样说的时候，蒋红安要告诉他："是呀，你的爷爷非常厉害。他的爸爸也很厉害，能爬到很深很深的锅炉里去！"孩子们彼此相熟之后做了朋友，便有家长来找她，说："蒋老师帮着管管我家的孩子，让他尽量跟好孩子交朋友。"蒋红安又要跟这样的家长说，我们这里的孩子都是好孩子。

她还不到二十岁，对她的工作来说，长得又过于漂亮、娇嫩，缺乏威严。许多家长尊敬她，一来是看在她教师的身份，二来也是看在她婆家的面子。她年轻气盛还为此恼火过一阵子，可后来她想，既然有帮助，就是好事。然而既受婆家荫庇，婆婆又是园长，什么事情都得要对婆婆交代清楚才好。尤其每天来自家长和孩子大大小小的冲突矛盾不断，一切的观念都还在磨合之中。

蒋红安说每个孩子都是平等的，婆婆便教育她说："人和人生来就有差别。别的不说，咱们社会主义的孩子跟美帝的孩子，肯定就不一样呀。我们做教育要因材施教，你说的平等太理想化了。"蒋红安说要用宽容的爱来培养孩子，婆婆又说："教育要赏罚分明，如果一个孩子只得到爱而没有惩罚，只会成长为一个废物。"

每件事都做得举步维艰，蒋红安年纪轻轻，常有撑不住的时候，撑不住了就躲在自己的办公室里哭一场。一天她正在哭的时候，有人敲门。

"蒋老师，我是董建。"

董建转学到这里时，已经五岁了，是全校最大的小孩。来到幼苗幼儿园，待在蒋红安身边，他像变了个人似的，个子最高，最懂道理，每天帮着蒋红安忙里忙外，像幼儿园的小主人。有时候很小的孩子好奇他的断臂，他也会坦然地掀起袖子来给人家看。小孩子问他"你还疼不疼呀，你的胳膊还会不会长出来呀"，他也会耐心地一一作答。

这一天他敲门进了蒋红安的办公室，看到她眼睛红红的，就问："您是躲在这里哭鼻子吗？"

"是呀，我需要在这儿哭一会儿。"

"我能跟您一起哭吗？"小小的小伙子红着眼眶问。

师生两个彼此拥抱着哭泣了好一会儿，蒋红安问他发生了什么事。董建说："王兴军问我的爸爸犯了什么罪，是不是要偿命。"

"那……我去找他谈谈。"

"没关系，我只是想我的爸爸了。奶奶说爸爸还有八年就出狱了。蒋老师，八年有多长啊？"

蒋红安听得一阵心酸。"八年对你来说，大概很长很长。"

董建难过地低下了头。

"但我想你爸爸也像你想他一样非常想念你。"

"真的？"董建抬起头来，瘦小的脸蛋上满是惊喜。

"嗯。"

两年时间眨眼过去，董建就要升入小学了。把他送走前，蒋红安问他将来的理想是什么。

"我的理想是爸爸出狱回家。"

蒋红安听了说："这不算理想，理想是指你想成为什么样的人。"

"我,"小伙子认真地说,"我想成为跟你结婚的人!"

蒋红安哈哈大笑:"这也不算理想呀。"

"那……那我的理想就是,要当一个又勇敢又好的好人,就像你一样!"

办幼儿园日子稍久,蒋红安感受到,教育孩子只是工作的一小部分,而对上说服婆婆、对下沟通家长才是最重要的工作。可自己再怎么坚定无畏,所谓的威严和阅历都不是一朝一夕能获得的。若想获得话语权和尊重,恐怕只能学习更多的知识了。

她一边工作,一边读书,把国内外先进的幼儿教育、心理发展方面的书无论好坏都读了个遍。她一边读书,一边写心得,学得用心,当然也扎实。有知识就有了底气,再跟家长们谈起话来,她便越谈越好。婆婆是个理性稳重的人,冷眼看着蒋红安日日夜夜做的一切,逐渐开始佩服她。在蒋红安哪些事处理得不够圆融、成熟时,她也毫不客气地插手点拨。如此几年过去,一切努力终于有了成果。讲道理的家长越来越多,于是也有了越来越多开朗、健康的孩子从她这里毕业。

可是随着工作如火如荼地进行,她的"后院"起火了。她的年纪日渐接近三十岁,却还是没有当上妈妈,家里人都坐不住了。说起做妈妈,蒋红安并不抵触,可她不知怎的就是怀不上。丈夫三天两头要她去检查身体、扎针灸、做理疗，可她工作忙得不得了，基本的检查做完了，其他的就反复推拒。父母更不满意，干脆在上海给她找了一位名中医，要她去调理半年。可她一时一刻也放不下她的幼儿园和孩子们。这下可好，父母直接赶来劝她。他们说她身体要是没有毛病，那就是工作压力太大闹的。女人还是要顾家，岁数也不小了，生个孩子才最要紧。丈夫心里不满，跟她三天两头地打架，这样一打架，种种不满都吵了出来："哪儿有像你这样的妻子，我下班了你还不下班，到了家里连饭也不烧，只知道当个蛀书虫。我的衣裳脏了你也看不见，叫我到单位被人家笑话！"

蒋红安方寸不让："妇女能顶半边天，难道我这半边天就是生孩子、烧饭、洗衣裳的？"

家里只有一个人没有劝她放弃工作，就是她的婆婆。她既没有劝自己儿子理解妻子，也没有劝亲家夫妇，只是一切如常。蒋红安知道，婆婆自己也是一个很有思想、热爱工作的女性。可虽然她也热衷于事业，到底没有耽误了生养一个有出息的儿子。既不顾家又不生育的职业女性，不管怎么说都理亏。

吵到她三十三岁这一年，丈夫突然不跟她吵了。她回到家里，丈夫一个字也不跟她说。憋了一阵，终于摊牌：丈夫在外面有了女朋友，人家才二十三岁，已经怀孕了。

明明是丈夫犯了错，可亲戚朋友、左邻右舍，要说同情蒋红安的，恐怕连一个也没有。公公当着她的面教训儿子说："不管怎么样，你这样也不道德呀。""不管怎么样"这几个字，却是在指责蒋红安了。

蒋红安心里很痛苦，多么希望哪怕只有一个人能站在她这边。她和丈夫闹得不可开交正到了矛盾顶峰时，婆婆突然对她说："我快退休了，这个园长我就不干了。让给你吧。"

三十四岁时，丈夫的孩子出生了，她也离了婚。这一次的离异无疑给父母抹了黑。见了面，他们都没有别的话，只一味劝她赶紧找对象再婚，女人没有丈夫是不行的，不要再那样专心忙工作了。更何况，她本来就怀不上孩子，如今岁数也大了。

蒋红安被介绍了无数对象。她如今中年离异，还是很漂亮，"身价"却暴跌。无论对方长什么模样，做什么工作，带不带孩子，蒋红安一见面总是先问："我要专心忙事业，你能不能接受？"

"你这是怎么回事？"老父亲气得够呛。跟她见过面的人回来都说，她这个人气质好，又是教育领域的，就是实在是一个女强人，高攀不起。这话说得客气，实际上就是在说她不顾家，态度不好，瞧不起人。"你干脆别干了！别的女人做幼教是为了什么，还不是为了给自己今后的孩子提供好的条件。谁不是结了婚就把生活重心放在家庭？你倒好，本末倒置！"

蒋红安不跟父亲争执，她知道观念不一样，争也是白费工夫。她说："我也不是不想再找，是人家真没看上我。"

就这样一位接一位相亲过去，时光飞逝，她已经三十七岁了。

个人生活没着落，毕业的孩子却桃李满天下。董建年年都来看她，小伙子越长越高，性格也越来越好。他小学毕业时，已经比蒋红安还要高了。他在幼儿园里陪着小孩子玩闹，给他们读书讲故事，蒋红安眼前一花，倒觉得他像一位不错的老师。放学了，董建留下帮她打扫幼儿园，整理书本和玩具，十几岁的孩子绷着个脸，倒像有心事的样子。

"蒋老师，我爸爸回家了。"

"真的？！"董建最大的愿望就是爸爸能回家。他的奶奶在几年前去世，如今他寄养在舅舅家。连妈妈都跑了，舅舅更不待见他，他名义上由舅舅抚养，实际上一直一个人生活在奶奶留下的空屋里。现在爸爸终于回家了。"你一定很高兴吧？"

"我很高兴。"董建说着，脸上却没什么高兴的神色，"我问了爸爸好多问题，他犯了什么罪，为什么会坐牢，原来他是为了给朋友出一口气才打伤了别人。我爸爸不是坏人，我真的很高兴。"

"太好了，我也为你高兴。"

"但是……"他难过地捏着衣角说，"我爸爸要带我到深圳去发展。我们马上就要走了。"

蒋红安听说深圳是个生机勃勃的新城市，董建爸爸这样计划，确实有道理。"那你为什么这么难过呢？"

"我走了就不能回来看你了呀。"董建皱着眉头说，"不过你对我说过的话我会永远记得。"

三十七岁时，朋友介绍了一位性格十分腼腆的男士。他一见到蒋红安就倾慕不已，她的善良和聪明，她的气质外貌出类拔萃。他又听了她做事业的想法，佩服得不得了。蒋红安说："我工作很忙，能把自己照顾好就不容易了，再要照顾家恐怕就力不从心了。"男士说："用不着你照顾家，我会把你照顾好。"她又说："我已经过了岁数，再想生孩子恐怕不可能了。"男士又答："咱们两个人好好地过日子，没有孩子我不在乎。"

她就这样再婚，丈夫温柔极了。他的承诺全都兑现。一日三餐、按摩调理、出行办事，他事无巨细把蒋红安照顾得妥妥帖帖。"蒋老师的老公好爱她"，连小朋友们都看得出，"他跟你在一起的时候眼睛里全是星星。"

蒋红安便安心忙着自己的幼儿园。她把幼儿园一步一步地扩大，不光做得十分完善，也把自己多年来读书和工作的心得写成了书。这些书都是给家长们看的。她已经越来越成熟，越来越沉稳。她知道每一个暴躁的家长、自私的家长、冷漠的家长，都有自己的问题。他们也需要一个温柔的老师。而她的年纪渐长，也终于有了这样的资格。

四十五岁这一年，发生了一个意外。

蒋红安竟然意外怀孕了。

谁能想到，一辈子甭管怎么努力也怀不上孩子的人，已经是个"老太太"了，竟然怀上了。丈夫开心极了，他原本就把蒋红安视如珍宝，如今更是捧在手里怕摔了。这么一来，蒋红安便觉得十分难开口。纠结了许久，她好好跟丈夫谈，不想要这个孩子。

年纪太大，生孩子的风险太高。幼儿园这时正面临着迁入新园区，环境、教师、招生，海量的工作等着她去做。一本新书正在孵化，她也不可能躺着不动。

谁知丈夫这样一个向来对她言听计从的人，这回却咬死了不同意。见到蒋红安拼命坚持的样子，他哭了。他说自己为蒋红安做了这么多，只想要一个孩子，只要她给自己生一个孩子。

蒋红安心软了。她约好了诊所的时间也没有去，丈夫勒令她卧床休息，她也照做。可那一天下午，幼儿园打来电话，说有个孩子爬树摔下来骨折了，她便杀到幼儿园去，谁知从幼儿园回来的路上，便感觉到了不同寻常的热流。

这孩子，还不如不来。他来了又走了，夫妻俩相亲相爱的日子再也回不来了。他们又开始争吵，互相指责。蒋红安发现丈夫心头有很多积怨。原来这么多年她以为的理解和关爱竟然是建立在缺乏沟通之上的。失去的孩子就像打开了他的一道闸门，使这些挤压的怨气十倍二十倍地喷薄了出来。每当她尽力想要跟丈夫好好谈谈时，丈夫便说："我这样的态度都是被你逼的！"

她只好花很长很长的时间工作，夜里也躲在幼儿园里读书写稿。一天傍晚，孩子和老师都离开幼儿园了，保卫却说有人来找她。她远远地看到来的人高高的个子，却有一只袖筒明显地空空荡荡。蒋红安很高兴，招手喊他："董建！好久没有你的消息了！"

董建上初中后，跟着父亲去了深圳，转眼这么多年过去，也是个中年人了。可他站在那里的样子还是当年的小朋友，而蒋红安向他招手的样子，好像又变成了十九岁的少女老师。

"老师，我回来创业了。"做这个决定很艰难，但他提起要做的事情，眼睛里闪闪发光，又自豪又不好意思，"您一切都好吗？"

"挺好，挺好！"蒋红安环视着这个倾注了自己毕生心血的幼儿园，"你看，我们现在有这么大的教学楼了，孩子也很多了。"

"那您自己呢？身体好吗？"

"没什么不好的！"实际上，身体的损伤和婚姻生活的煎熬使她气色很差，谁都看得出来。董建担忧地望着她，蒋红安就叹了口气说："人哪，劲使在这个地方，忽略了那个地方，就要漏气。我是天天年年地忙着办幼儿园、做教育，家里呢，吵翻天了。"她自嘲地笑了一下，"一个女人，事业成功，家庭失败。你说，这算是成功还是失败？"

董建听了没有作声。他低下头沉默了一会儿才说："我不知道别人怎么定义您成功还是失败。在我心里，您是天底下最成功的老师。我记得您当时对班里的小女孩说，你是最棒的，谁说女孩子不如男孩子，你都不用听。因为他们说得不对。您也是，凭什么家庭失败了，作为女人就该是失败的呢？"

四十八岁，蒋红安终于结束了第二段婚姻。父母也老了，他们对她再失望，到底也无法再说她什么了。她又工作了十年，退了休，一个人住，一个人买菜、做饭、看看电视。实在闲得难受时，她就到幼儿园里去溜达溜达。看看年轻的老师有什么难处，看看小朋友们好不好，看看幼儿园门口的家长们见到自己孩子时的笑容。

一天，当她站在那里笑眯眯的时候，一位妈妈扑了上来。

这家长也三十多岁了，可她却一把抱住蒋红安的胳膊，扭股糖似的撒起娇来："蒋老师，你还记不记得我呀？"

蒋红安定睛一看，是她年轻时教过的一位小朋友。"丹丹！是丹丹吧！"

"是我！是我！我把我的小孩也送来了！"

毕业的学生回来看她的多得很，他们也源源不断地把自己的小孩送进蒋红安的幼儿园。这个叫丹丹的毕业生却特别能撒娇，因为她没想到蒋园长竟然已经退休了。小孩来了好几天，终于逮到蒋园长。

她揪着自己放学的小孩一路黏着蒋园长，把自己这些年的经历，叽叽喳喳说个不停："啊，有时候又累又沮丧，真想再回您的幼儿园当几天小朋友，充充电，打打气。"

这句话明明只是撒娇，却在蒋红安心里扎了根。她有时到幼儿园去，看到门口堆着的家长。他们工作了一天，站在这里等着接孩子。他们的脸上写满了疲惫和压力。

要想当好家长，首先得做一个快活的人呀。他们想不想当幼儿园的小朋友，充充电，打打气呢？

已经退休的蒋红安，又开始有新的想法了。给已经长大成人的人办一所幼儿园，让他们重新当一次小孩子。重新爱他们，重新鼓励他们。大人来当小朋友，既不用哄也不用抱，但却比小孩子更难接纳教育，更难接受自己。有些学生在她的幼儿园里一待就是一年，几乎算赖着不走。蒋红安心里倒挺高兴。

这里不光是疗愈他们的地方，也是疗愈自己的地方呀。

一个周末，蒋红安家里的大米生了虫。她正在家里戴着老花镜艰难地捡米虫，有人敲门。开门一看，是董建。

自他从深圳回来创业后，每年总要抽时间来看看自己的蒋老师。无数创业公司前仆后继地倒下，董建却越做越大，"企业家""成功人士""年轻有为"，当然还有"身残志坚""白手起家"等一个个标签贴得满身。可他到了蒋老师这里却蹦蹦跳跳，一进屋就抢遥控器。"快看快看，电视上在采访我！"

他把蒋老师的大米桶抱在身前帮她挑虫子，并献宝似的给她看他上电视接受专访。

女主持人问他："您小时候家里很贫困，据说您是盲眼的奶奶一个人养大的，还因此出了意外。而且您的学历也不算很高，可是很多人都说，在您创业的过程中对抗风险和竞争时做出的决策显得超乎常人地冷静和有条理，而您在创业路上面对道德抉择时又总是顾全人权和人伦，感觉您受过很高水平的教育。"

"你说对了！"董建在电视上笑逐颜开，"不要看我家里困难、身体残疾，学历还不高，我还真就受过很高水平的教育。我这一辈子，既不怕艰苦，也不怕失败，就是因为在我很小的时候遇到过一位老师，幼儿园老师！"

听到幼儿园老师，女主持人和现场的观众都笑了起来。董建也笑着说："我这位老师，当年才十九岁就自己开办了一所幼儿园。我到现在都觉得，她开这幼儿园，完全是为了我！"

四十多岁的成功人士满脸孩子似的自豪。所有人又笑起来，蒋红安坐在电视机前也笑了。

电视里的董建说："她创办了这所幼儿园，教给像我一样的所有孩子，爱自己、爱别人，要有自信，要有勇气。她教我的这些东西，就是我这一辈子最珍贵的财富！"

蒋红安没有说话，她悄悄抹去了一滴眼泪。坐在身边的董建也莫名地不好意思起来。过了一会儿，蒋红安对他说："你说得没错。我这幼儿园，当初就是为了你才要办的。"

"哈哈哈，我就知道！"

每个人都很难摆脱来自社会和他人的定义。然而当自己足够坚定有力的时候，在某种程度上就可以支撑着自己逆水行舟，为理想和目标不断奋斗了。

对自己说：

番外 ｜ 王学优

我叫王学优。顾名思义，我的父母希望我学习好。悲剧的是，无论他们对我的期待有多高，我学习都没有多好。好在离开大学后事情有了转机，我平时在网上胡写的东西被人发现，签约了一家网站，成了签约作者。

虽然我写的都是没什么营养的地铁读物，读者也不太多，靠这个来自力更生很难，但签约合同比到账信息要好看得多了。我的父母出去被人问起"姑娘现在在干吗呢"，他们就快乐地说："当作家呢！"

我当然希望有一天能成为著名的作家，希望一炮而红，我写的故事能拍成电影，我能发大财、买房子，再周游世界。但真的一炮而红的那一天，我差点疯了。

严格地说，"一炮而红"和"一炮而黑"只有一字之差。那天晚上睡前，我像往常一样躺在床上用手机看看我新发的文有没有新评论。一般来说，下午发的文到晚上顶多有两个评论：沙发！地板！可那一天，消息提示"99+"。

事情是这样的：我的这篇小说里写了一个男明星，这男明星表面光鲜靓丽，实际上有一个谁也不知道的私生子。

我这个人从来不关心娱乐圈，市面上的男明星我一个都不认识。我又怎么能知道，现在最红最红、在粉丝眼里说不得也碰不得的那一位男明星，刚刚被爆了有一个私生子？

说到这里，恐怕各位也能想象出来我那 99+ 条新消息都是些什么内容了。毫不夸张地说，第一眼看到满屏的生殖器时，我实在眼前一黑，脑袋一片空白。我小心翼翼闷不吭声地活了二十七年，从来没有见过这样的阵仗。

我搞不清他们究竟是怎么回事，不过后来编辑告诉我大概是这样：私生子的事情证实是假新闻，然而这个假新闻影响到了艺人参加一个粉丝期盼已久的节目。我的小说发表在假新闻的前一天，不知道是谁起头造谣说我的小说就是这个假新闻的来源。

对家的粉丝很快也参战，他们骂成了一团。从那天开始，我连着好几个晚上一点也没办法合眼。很多人劝我，这些无脑的攻击何苦要看它呢？可我没办法控制自己，每一条辱骂和诅咒我都看了。他们拥到我之前写的那些无聊的、甜蜜的、包含了从未谈过恋爱的我对幸福爱情的小幻想的故事那里去骂我，他们在我更新期间随手写的小日记小心情下面骂我，他们找到了我的个人微博，在我的照片下面疯狂地骂我。他们找到了我的出租屋的地址——因为我曾经天真无邪地公布过。等到我下楼倒垃圾被人泼了一身不知道是什么动物的血时，我真的吓疯了，连夜收拾了最急需的东西跑回了父母家。

现在想起来，那段时间真的很迷幻。长时间睡不着觉，我的大脑几乎没办法思考，只是被动地读恶评、受伤害，然而，我却一天也没有停止更文。因为编辑对我说：趁着现在流量大，千万不要停更！生活在父母家，我每天起床、写文、吃饭、钻被窝，看上去除了脸色日益黑黄、身体越吃越胖之外，似乎没什么不对劲。我没有哭过，也没有怎样发泄过，甚至，跟朋友、编辑聊起我的心情也从来没有过。就这样不知道过了多久，有一天，我爸回来问我："我听说网上都在骂你，你干什么缺德事了？"

我妈听了也凑过来，两位都用犀利的眼神盯住我。我只好艰难地从头开始讲起，关于我是如何不知情，只是凑巧，只是被人造谣，只是成了愤怒的粉丝的发泄渠道，尽可能地给他俩讲清楚。全说完了，我爸总结道："我早说过你就是不行！做什么事情之前从不考虑周全。你要是早就考虑到这些，不就不会弄到现在这个地步了吗？"

很奇怪，之前被骂了那么多还被泼了血我都还能起床更文，我爸对我这样说了之后，我就站不住了。我开始呕吐，卧床不起。吐到眼球里的血管都爆了，看起来比鬼还吓人时，我妈带我去医院看了一次，浑身没检查出什么不对劲，她就不再管我。

在身体的痛苦中，我逐渐总结出了一件事：我不能看到我父母，看到他们，我就会吐。

躺在床上，我尽力思考。我不能一直这样废下去，我不能停止更文。虽然写得不好，没有人看，收入微薄，但除了这个，我还会干什么呢？

我必须找一个地方，一个我待在那里就可以安心工作的地方。

终于走到这样走投无路、必须恳求别人帮助的时候，我只能找我的发小。有时候我觉得，她比我自己还要了解我。

我把情况跟她说了，关于我现在的名声有多么臭，不管我住在哪里都有可能有朝一日被人扒出来攻击。"我不能拿你的安全开玩笑，只是需要一个能好好工作的容身之所。"

她想了一阵子才回答我："你不是需要容身之所，能摆下一台笔记本电脑的地方多的是呢。你需要的是一个容心之所。"

这样的地方，还真有一个。

我的发小是一个幼师，她说她们幼儿园退了休的老领导蒋园长开了一个这样的地方，是给成年人待着的。"你只管去就行了，想干什么都可以。"

我被介绍给蒋园长，又见到那个地方，宽敞明亮，布置得很温馨。除了我之外，只有一个小伙子每天在那儿待着。我大概了解这里是一个奇特的成年人心理疗愈的场所，凡是来的人，都可以把自己变成小孩子。

或者说，不是过去的自己小时候那个孩子，而是希望自己能做的那个孩子。

蒋园长和我说的跟我发小说的一样："你想怎么样都行，怎么自在怎么来。"

她这样跟我说，我仔细地想。我小的时候，为了争当优秀儿童，什么活动都抢着参加，老师同学都要好好相处。可四岁在幼儿园的时候，我真正想做的是什么呢？

"我就想自己找个角落待着。"我鼓起勇气对蒋园长说。

"没问题。"她微笑着看着我，连一点惊讶的表情都没有。

我就找了一张桌子，把笔记本电脑都整理好，开始写我的稿子。基本没有人跟我说话，渴了有水，饿了有小点心，就这样写起来。我每天都去，晚上还回父母家睡觉，睡觉仍然很困难，回家见了父母有时还会呕吐。这时，我那篇被围攻的小说已经快要完结了。

我的这个故事中，男明星只是一个男四号。如果不想提他，连故事情节都不怎么受影响。这只是一个普通的爱情故事,我极力地一边写,一边跟娱乐圈和流言蜚语撇清。随着时间的推移,评论人数越来越少了。可有那么几个人,始终牢牢地黏着我。他们给我发私信,在每一篇新章节下面刷屏。我觉得他们对我的恨已经跟男明星无关了,不知道这些恨是从哪里来的。有一个名叫"Hunter"的网友,换着账号每天坚持给我发私信,从Hunter001到Hunter10086。TA说:"你是个死胖子吧?脖子下面全是肥油吧?全世界没有一个男的看得上你吧?"TA又说:"你除了写这种连狗屎都不如的东西之外,什么都干不了吧?一事无成吧?"TA还说:"我知道你这种人一无是处,连你爸妈都不爱你。"

其实后来想想,当时伴随着流量来的也有一些留下来成了我的书粉,他们夸我文笔流畅故事精彩,催我继续更新,说没有读够。比之从前,我也没有过这样多的真正的书粉。也有一些冷静的读者在说:"这个故事跟那件事完全没关系,能不能别再吵了!"可这些好的评论我都看不见,每天只能记住恶评和恶毒的私信。

——没错,我仍然每天都要看那些东西。

一天,"Hunter857"发来私信,TA说:"如果今天你死了,大概你身边没人会为你掉一滴眼泪。不过你放心,我会为你掉一滴眼泪,因为你真是世界上最悲惨的一个可怜虫了。"

263

我不理解自己究竟什么时候会吐，总之看到这条评论，我又吐了。很悲惨，来到这里这么长时间，我除了躲在角落里写稿子，从未找到过"我是一个小朋友"的感觉。但这一下呕吐来得太凶猛，我吐得满地都是——就像控制不住自己的幼儿园小孩似的。

我收拾完了，蒋园长问我能不能聊一聊。

于是我第一次跟蒋园长真正地坐下来对话。

我究竟碰见了什么事，为什么要到这里来，第一次对着蒋园长讲述。讲完了，我说："中途我就开始呕吐，到现在有时候回家还会吐。不过真的没想到在这里也会吐。"

她问我第一次吐是什么时候，我答了，说是跟父母讲了这些事之后。

"讲了之后他们怎么说啊？"

我也答了，我爸说早就知道我不行，如果能提前考虑周全就不会发生这一切。

蒋园长第一次露出了震惊的表情。她半天没说出来话，很久才问我："你爸爸……经常这样说你吗？"

这样说我？我仔细想了一下，这句话中包含两层意思，第一层是"早就知道我不行"。我就回答：是的，我爸妈一直都说我不行。天生就不聪明，后天又不努力，成绩上不去，什么也干不好。

我爸还有一层意思，就是遇到这些事都是我的错，是我没有提前考虑清楚才走到了这一步。我又回答蒋园长说，我爸妈也确实会这样鞭策我。摔了是自己不小心，砸了东西是没注意，被老师骂了，是我活该，被幼儿园里的小团体欺负，虽然不明白是什么原因，不过"为什么不欺负别人？肯定是你做了什么事，自己居然都不知道"。

蒋园长又问："他们在什么情况下会夸奖你？"

我说："他们说，我不在场的时候，对外都会夸奖我。"说到这里我突然想到，关于"总是打击我"这个事情我还真的反抗过。大概是在小学高年级的时候，一来脑袋发育得比较完善了，个子也跟他们差不多高了，二来还没有懦弱到底，我就质问我的父母，为什么不管我怎么努力都一直骂我？

我爸大怒。他说我不识好歹，说我不懂事。他说："谁不疼自己的孩子？我们要不是怕你骄傲自满不进步，才懒得费这些口舌来训你！"我妈在旁边温和地说："爸爸妈妈当然疼你，昨天你王伯伯问你考了多少分，我说你考得好着呢。"

我在蒋园长的脸上看到了实实在在的怜悯。

但她没有把这怜悯宣之于口，继续问我："你妈妈这样说，你心里会觉得舒服些吗？"

"没有。"这件事我记得很清楚，因为那一次我考砸了，考得稀碎。其实如果我考得很好，他们出去说我考得好着呢，也许确实会有一丝安慰吧。

我妈妈对外说了谎，使我感到了加倍的失望，感到了强烈的丢脸。

蒋园长接着问了我许多关于攻击和恶评的问题。这我就太会了，简直如数家珍，倒背如流。她便问我："从一开始的所有差评你都看了？"

当然，而且有些特别扎心的还看了好多遍呢。

"看的时候，你是什么感觉呢？"

我感觉有人在迎面打我，一拳接一拳。

少数知道这事的朋友都劝我："别看不就完了吗？""让他们说去吧，你管他们干吗。"后来想到蒋园长问的这句话，真是奇妙，她问我："如果不看这些评论，你会怎么样？"

这是我第一次想到这里。我只知道自己无法自控地在看，看了又难过又失眠，但我就是没办法。我必须看。

不看会怎么样？我第一次认认真真地想这件事。

"不看的话，他们打我，我不知道是从哪里打来的。我会更害怕。"

原来如此。我知道他们在那里如疯狗一般狂吠，而我如此在意，所以，了解清楚他们说了什么，反而会放心一些。

"那么，今天是因为什么突然吐了呢？"

我把今天收到的私信讲了。这位"Hunter"之前所发的私信，我也一一讲了。讲着讲着，不用蒋园长点拨我，我发现了这些私信的内容非常熟悉。

跟从小到大我父母说我的那些，几乎一样呀。

蒋园长说："我有一个学生，现在是个很有名的歌手，性格很活泼，在他刚刚走红的时候，因为上节目乱说话被黑得特别惨。那时候我也看了那些恶评，因为他是我的学生，我很了解他。但很奇怪，黑粉们在攻击的好像不是他。他们描述的、剖析的，是一个他们幻想出来的人。当时我很担心我这个学生，跟他联系了一下，谁知道他非常冷静。他说，那些恶评他都不看，只要还有工作，把该做的做好就行了。"

我面无表情地听着这些。我也知道，不看恶评、做好工作，这样才比较酷。

我也想装来着。

装作没看过恶评，所以我一条也没有回复过。

装作还能继续好好工作，所以我尽可能地一直在更文。

但是，不知道为什么，我开始呕吐了。

蒋园长看到我冷冰冰的神情，她问我："他能做到，而你不能，有没有觉得是自己无能？"

我惊讶地看了她一眼，点了点头。

"不是你无能。"蒋园长握住了我的手，她说，"那个男孩子，从小就生活在自由、幸福，无论做什么都能得到理解和肯定的环境里。他内心有自信和力量，这些力量告诉他：你自己很棒，不需要在乎那些。所以他能冷静地走过那段时间。"

她没有说"而你"如何，我却泪如雨下。

从第一天被狂骂开始，我没有掉过一滴眼泪。

不——从第一次被别的孩子抢了球而被父母"混合双打"开始，我就没再掉过一滴眼泪。

这一天，在蒋园长面前，我哇哇大吐，继而哇哇大哭，就像一个真正的小娃娃。

那位勇敢的歌手，之所以勇敢，是因为他知道恶评说的都是错的。而我，之所以连不去看的勇气都没有，正是因为在我心里觉得他们说的都是对的。我是个死胖子，脖子下面全是肥油，全世界没有一个男的看得上我。我除了写这种连狗屎都不如的东西之外，什么都干不了，一事无成。我这种人一无是处，连我爸妈都不爱我。如果今天我死了，大概身边没人会为我掉一滴眼泪。我真是世界上最悲惨的一个可怜虫了。

这些铺天盖地的恶评，简直就像我的父母在我耳边说的——不，更像是我自己在我自己耳边说的。

在我痛哭的时候，蒋园长把一个毛绒娃娃塞进了我的怀里。我的眼泪渗进这个娃娃，使它变得不再柔软，但我死死地抱着这个娃娃。

第二天，蒋园长又跟我聊了一次。

她说，在她还在教小孩子的时候，遇到像我父母这样的父母，就会想办法见到他们，一次接一次地努力，跟这些父母谈。对一个百孔千疮的成年人来说，去劝服这些根源人物，让他们明白，让他们能够沟通，甚至让他们能够道歉，是最好的、最理想化的自我疗愈的开始。

我听她这样讲，愣愣的。

我跟他们谈过一次了呀，难道还能再鼓起勇气谈一次吗？

我问蒋园长：她做教育这么多年，一定跟数不清的家长谈过。难道每一个都能说通吗？

她无奈地笑了："约谈过 100 位家长，真的能改变的有 20 位就不错了。"

她说，有些家长半知半觉，客客气气，但还是改不好。有些家长听了觉得这位老师有问题，干脆就带着孩子转学走了。

过去被她约谈过的这些家长，都还只是小孩子的家长。他们都还年轻，思想也还有转变的机会。可对大人来说，大人的"家长"，哪怕只是从生理上来说，脑筋的灵活程度都变慢了，观念和想法更难改变了。

我们都沉默下来。

蒋园长半天没有说话，最终对我说："作为成年人，搞明白自己的问题在哪里，去跟自己的父母好好谈一谈，当然是想拯救自己。但其中还有一部分原因，也是想要给自己的父母一次机会。他们是不是没有想到，他们是不是真的出于很深的爱，只是方法错了。对做错了的家长来说，连一次沟通的机会都没有得到，"她咬着嘴唇斟酌了半晌才说，"作为子女，我们不忍心。"

我明白她咽下去的话。

谈了，大概率是没有用的，是改变不了的。

但，为了我自己，也为了我的父母，我还是决定去谈一次，因为"作为子女，连一次沟通的机会都没有，我们不忍心"。

我回家了，请我的父母坐下来。我说："我这次碰见的事，现在叫网暴，对一个人的伤害是很大的。我跟你们说这件事的时候，你们说这都是我的错，是因为我的能力不够考虑不周全才发生的，这让我觉得很受伤害。实际上我没做错任何事，只是倒霉。被这样说，尤其是被你们这样讲，我心理创伤太严重了，所以才一直吐的。"

我父亲愣了一下，又吼了起来："你没做错任何事为什么要骂你？人家都闲得没事干吗？你总是这样，做错了什么事自己都不知道。"

我体会到，这样的沟通不论鼓起多么大的勇气都还是不够。我的手颤抖起来。我反问他："我做错过什么事是我不知道的？"

"你上中学的时候，你们班学习最好的女同学带领全班孤立你！你就不知道自己做错了什么，人家品学兼优，要是你什么都没做，能那样对你吗？"

"那我究竟做错了什么？"

"你肯定是得罪人家了！说不定你背后说人家坏话被人家知道了，或者你拿人家的东西不跟人家说！这都是你从小的毛病，跟你说了多少次也不知道改！"

我的眼泪夺眶而出。泪眼迷蒙之间，我望着慷慨激昂说这话的父亲和坐在一边一言不发的母亲，原本有许许多多辩解的话、攻击的话、嘲笑的话，眼下都说不出口了。我父亲后来又说了很多，可我没有听到。他说完了，我也哭完了。我对他们说：

"我真的，真的，很爱你们。不知道你们为什么一直对我这么失望，可我从记事起真的就在非常努力地想让你们满意了。"

这时，我父亲又开始说："总把努力挂在嘴上，成绩到底在哪里。"可我没有停下来听他说。他说什么都无所谓了，我只想把我的话说完。

我说："如果你们没有这样对我的话，我想做一个最沉默最普通的小孩。我想读所有我想读的书，从小我就喜欢写故事。我不想去争什么三好学生，不想当全班第一。可是我这辈子最大的梦想就是，即便我是一个沉默、普通、永远当不上三好学生和全班第一的小孩，你们还是爱我、欣赏我。"

我泣不成声。不知道哭了多久，我的父母都没有再说话了。也有可能他们说了，而我没有听到。哭着哭着，我突然想明白了。他们并不是对我失望，而是对他们自己失望。他们不断地打击我的那些话，恐怕也是他们打击自己的语言。他们失望于我跟他们同样平庸，恨我的人生像他们的一样不能一帆风顺飞黄腾达。我哭完了，站起身来，知道我做完了一件重要的事，并且要与过去一部分重要的东西告别了。

我重新租了房子，再次从父母家里搬出来。新租的房子就在蒋园长的"成人幼儿园"楼上，每天早晨，我下楼，到蒋园长那里，在我的小角落里写稿。自从跟她谈过话之后，我每天都要抱着那个毛绒娃娃。大部分时候我不跟任何人说话，不上课，也不参加游戏。我知道自己需要很长很长时间在这里，沉浸在我安稳的、安宁的世界里，这是我漫长的人生没能得到的、我想要的、我应得的。

在这里写作时，没有人来打扰我，也没有人要看我究竟写了什么。后来彼此都很熟悉了（虽然没怎么说过话），就有人要了我小说的链接来看。

看完了，她对我说："你写得真好。你天生就这么会写吗？真羡慕你，如果我也能写得这么好就好了。"

因为被黑而涨了好多关注，后来我再写了新的小说，留言追更、夸我的，越来越多了。她们大概逐渐也忘记了我是谁，因为什么而关注了我。最有意思的是，由于我一直坚持在写，我的其中一本书出版了。

新书一经上市，好评都是出版社的营销编辑刷的，剩下的全是恶评。书评说："现在这样坐在家里一点社会经验都没有纯意淫的东西也能出版？这世界是怎么了？"

我又跑去蒋园长那里一把鼻涕一把泪地哭了一场。还跟以前一样，我伤心极了，因为我觉得他们说得没错。

我也想要放下娃娃站起来交一些好朋友，也想跟我最好的发小一起去吃下午茶逛街，也盼着有一天有一个爱我的男朋友，但那些都不着急。

我已经告别了过去，走在了一条通往更好的路上。

很多时候我们会觉得疲惫或者愤怒,

难以控制自己的情绪,

甚至无法完成简单的工作.

也许一些心理的空洞来自过往的负面经历,

如果能够时光倒流,

回到伤害未发生的时候,

以现在作为成年人所拥有的清醒的认知和内心的勇气,

我们也许可以改变当时所发生的一切.

也许可以勇敢地反抗,

也许可以更明确地说出自己的感受.

可惜的是,

时光无法倒流.

但我们还是可以为自己做很多.

我们可以向外界寻求帮助,

可以勇敢表达自己,

更可以理解和爱自己.

自己对自己的信任,

足以让我们拥有勇气去应对来自过去和未来的挑战.

图书在版编目（CIP）数据

重新长大 / 毛冷瞪著 . -- 长沙：湖南文艺出版社，2021.9（2022.2 重印）

ISBN 978-7-5404-9598-5

Ⅰ . ①重… Ⅱ . ①毛… Ⅲ . ①长篇小说－中国－当代 Ⅳ . ① I247.5

中国版本图书馆 CIP 数据核字（2021）第 165278 号

上架建议：畅销·小说

CHONGXIN ZHANGDA
重新长大

作　　者：毛冷瞪
出 版 人：曾赛丰
责任编辑：刘雪琳
监　　制：毛闽峰
特约监制：张　娴　魏　丹
策划编辑：雷清清　周子琦
文案编辑：赵志华　王苏苏
营销编辑：崔偲林　刘　珣　焦亚楠
封面设计：Yang
版式设计：蚂蚁字坊
出　　版：湖南文艺出版社
　　　　　（长沙市雨花区东二环一段 508 号　邮编：410014）
网　　址：www.hnwy.net
印　　刷：三河市兴博印务有限公司
经　　销：新华书店
开　　本：880mm×1230mm　1/32
字　　数：202 千字
印　　张：9
版　　次：2021 年 9 月第 1 版
印　　次：2022 年 2 月第 3 次印刷
书　　号：ISBN 978-7-5404-9598-5
定　　价：58.00 元

若有质量问题，请致电质量监督电话：010-59096394
团购电话：010-59320018